语文极简学习法

语文高分的秘密

宋炳辰 ◎ 著

北京联合出版公司
Beijing United Publishing Co.,Ltd.

图书在版编目（CIP）数据

语文极简学习法 / 宋炳辰著. —— 北京：北京联合出版公司, 2024.4（2025.1重印）
ISBN 978-7-5596-7441-8

Ⅰ.①语… Ⅱ.①宋… Ⅲ.①语文课 – 学习方法 – 中小学 Ⅳ.①G634.303

中国国家版本馆CIP数据核字(2024)第046428号

语文极简学习法

作　　者：宋炳辰
出 品 人：赵红仕
责任编辑：管　文
图书策划：蔺亚丁
产品经理：唐鲁利
封面设计：仙　境
版式设计：姜　楠

北京联合出版公司出版
（北京市西城区德外大街83号楼9层　100088）
北京时代华语国际传媒股份有限公司发行
唐山富达印务有限公司印刷　新华书店经销
字数96千字　880毫米×1230毫米　1/32　8印张
2024年4月第1版　2025年1月第5次印刷
ISBN 978-7-5596-7441-8
定价：52.00元

版权所有，侵权必究

未经书面许可，不得以任何方式转载、复制、翻印本书部分或全部内容。
本书若有质量问题，请与本公司图书销售中心联系调换。电话：010-63783806

/ 目录 /

第一章

何为"语文"?

"语"和"文"的内涵 /002

解构语文学科的知识板块与能力维度 /007

洞悉语文学习的时间轨迹 /012

强势语文 = 高校门券 + 实现目标 /019

极简三原则:科学谱系化、降维打击化、积累制度化 /024

第二章

语言基础

语言谱系学习法 /030
词典学习法 /034
文科记忆力要领 /037
降维打击练字法 /040

第三章

文言文

逐字注解精读法 /044
虚词句式公式法 /047
多维标签化断句法 /050
文白翻译决胜三法 /056
新古文观止：文言文分级阅读 /058

第四章

古诗词

凿空诗史,锻铸内功 /062

破译"密码",参透内容 /066

"七分诗"的妙用 /072

第五章

现代白话文

顶层设计:两种思维 /078

精研设问,条分缕析 /085

庖丁解牛:要素提炼式精读法 /091

答案撰写有"套路":逻辑与措辞 /095

阅读练习文本的选择与使用 /102

第六章

文章写作

多词连缀造句法 /106

发散式扩写法 /113

扩张式译写法 /119

篡改式抄写法 /123

创造式改写法 /126

自由式海写法 /129

管窥评分，蠡测阅卷 /132

审题路径全攻略 /137

结构严整的新八股范式 /144

不可不知的"偷分"秘籍 /152

不批不改不成材 /154

第七章

名著阅读

目录·版本·次序 /161

名著精读的三个层次 /169

人人皆可脂砚斋——批注出真知 /175

厚书读薄 /182

读以致用 /185

第八章
学考方略

预习新课的方法 /191

课堂听讲的方法 /195

教材五读法 /199

身笔合一,"记"胜千里 /208

教辅书籍的选用策略 /214

跨学科语文学习策略 /217

中、高考复习方法 /221

学习环境与时间的选择 /226

考场要诀 /231

第九章

学业规划

小学低年级段 /237

小学高年级段 /241

初、高中年级段 /246

第一章

何为"语文"?

"语"和"文"的内涵

孔子曰:"名不正则言不顺,言不顺则事不成。……故君子名之必可言也,言之必可行也。君子于其言,无所苟而已矣。"[①]翻译过来就是说:"如果措辞不当,政令的言辞逻辑就不能顺理成章;政令不顺理成章,政务就难以推行完成。因此士君子使用某个措辞就一定要让它能解释得出恰当的道理,言辞逻辑理顺了也就一定能贯彻实施。士君子对于自己的措辞,要没有一点苟且马虎的地方才可以。"我服膺孔孟之道,也很赞同

---

① 出自《论语·子路》。

孔子"名正言顺"的观点，更认为可以迁移这一观点来指导我们的学习。

我们在启动某个科目的学业之前，首先应该搞清楚这个科目究竟是研究什么的，而它的名字又是什么意思？否则就会陷入具体问题纷繁芜杂的迷雾中，只是被动地低头拉车，却从不主动地抬头看路，理不清头绪，做不到提纲挈领、融会贯通，结果往往就是事倍功半、成绩一地鸡毛。比如学物理，却不知道物理究竟是什么，它又包括哪些知识板块，它跟化学的区别在哪里；学历史，却不知道"历"与"史"各自所指，亦不知道历史这个学科之下又有哪些细分的门类，更遑论历史与思政、地理、语文的关联何在。

那么我们如何来纲举目张地解构、剖析一个学科呢？就从剖析它的名称这个概念开始。剖析一个概念，要清楚这个概念的内涵和外延——它是什么，它包括了什么。比如，"水果"这个概念，它的内涵可以理解为：酸甜多汁可食用的植物果实；而它的外延呢，则包含了苹果、桃子、柑橘、榴梿等不计其数的具体品种。那"语文"呢？它的内涵又是什么？

我们先从构词法上来看，"语文"这个词属于什么结构类型——并列？主谓？动宾？补充？抑或偏正？很显然，它是个并列结构的词，那我们进而来看"语"和"文"具体指的是什么——这其实是我在大一语言学第一堂课上老师向全班同学抛出的第一个问题，而我们当时的回答则五花八门，有人说是"语言+文学"，有人说是"语言+文字"，但文学、文字本身不就是语言的一部分吗，又何必加上个"文"字，直接叫"语言"或"汉语"不就好了。总之莫衷一是、不得要领，只能等老师娓娓道来、定于一尊。

1949年6月，当"语文"最初取代小学"国语"和中学"国文"时，现代语文教育的先驱叶圣陶、张志公两位先生给它内涵的定义就是："语文就是语言的意思。"①"平常说的话叫口头语言，写到纸面上叫书面语言。'语'就是口头语言，'文'就是书面语言。把口头语言和书面语言连在一起说，就叫语文。"②口语和书面语，虽然后者源本于前者，但互不包括，所以要"语""文"合而言之，称这门功课为"语文"。当时的我恍然大悟，怪不得小学时语文老师一直把上讲台讲故事作为每天语文课的必备项目，原来语文不仅仅是要能读会写，也得能说会道哈！毕业后做了老师，学习课程标准时，发现即使七十多年过去了，对"语文"内涵的界定依然延续着诸位先贤的主张：语文课程是一门学习祖国语言文字运用的综合性、实践性课程③。所谓"语言文字"，前者取"语言"一词的狭义，即口语，而后者即指呈现为文字的书面语，与叶、张两

---

① 《张志公文集》，广东教育出版社，1991年版，第60页。
② 《叶圣陶语文教育论集》，教育科学出版社，1980年版，第730页。
③ 《普通高中语文课程标准》，人民教育出版社，2017年版2020年修订，第1页。

先生的思想是一以贯之的。

当然,像一切事物一样,"语文"这个词的内涵,也是不断变化发展的。尤其 21 世纪以来,更加强调语文课程的文化使命,以文化自信、语言运用、思维能力、审美创造为学科核心素养,必然也推动着"语文"的内涵扩张到语言之外。在这种新的语文观下,"语"即国家通用语言,同时兼容汉语口语与书面语,而"文"则指文化,包含了中华优秀传统文化、革命文化、社会主义先进文化乃至当代文化生活与人类文明优秀成果[①]。

怎么样?诸君学了这么多年语文,终于第一次准确地知道语文的内涵究竟是什么了吧!然而,这只是我们迈入语文博大精深之殿堂的万里长征第一步,驾驭语文,还要了解其"外延",也就是语文学习包括哪些具体的知识板块与能力维度。且听下回分解。

---

① 《义务教育语文课程标准》,北京师范大学出版社,2022 年版,第 4、5 页。

解构语文学科的知识板块与能力维度

有一种错误的观点贻害甚远,即"只要多读书多写作就可以学好语文",似乎学好语文很简单,无非"六字箴言"。但具体读什么?怎么读?写什么?怎么写?则一概不负责任、不予量化,任凭学生自己去"细品""慢慢悟"。实质上,我认为这是一种躺平式的教学法,或者称之为"玄学语文学习法",以教师的摆烂态度为始,以学生的成绩垮塌为终。对此,宋老师要旗帜鲜明地大张挞伐、鸣鼓而攻:反对语文学习玄学化,提倡语文学习科学化。

所谓"语文学习科学化",最核心的前提就是要科学分析语文学科的外延,也就是要把语文学科具体包括哪些内容和能力,或曰"语文到底学什么"搞清楚。生物学有"界门纲目科属种"的分类体系,语文也由诸多相互联系的知识板块和从低到高的能力维度构成自己的学科谱系。

语文的学科谱系首先可以分为虚实两大板块:实的,指的是知识板块;虚的,指的是能力维度。知识板块,源自于汉语言文学专业的研究学习对象,同时与中高考的考查方向或题型大类相吻合;能力维度,来自课程标准与考试说明的要求,而在中高考中则体现为具体的设问方式。两者一实一虚、一明一暗,相辅相成,殊途同归,共同构建成语文学科的科学谱系,具体如下表所示。

语文学科谱系			
知识板块			能力维度
一、语言基础	1.汉字；2.语汇；3.语法；4.文学文化常识		甲、识记 乙、理解 丙、归纳 丁、鉴赏 戊、表达 己、探究
二、阅读	1.古诗文	（1）古诗词；（2）文言散文	
	2.现代白话文	（1）文学类文本；（2）科学类文本（或曰实用类文本、论述类文本、非连续性文本）	
	3.名著	（1）童话、寓言、故事；（2）文化经典、诗歌、小说、散文、剧本、语言文学理论等	
三、写作	1.文体：记叙文、议论文、诗词		
	2.要素：立意、结构、素材、修辞		

我们来看，上表左侧的知识板块分类，是不是恰好与中小学几乎所有的语文试卷结构类似？语基、阅读、写作，便是语文试卷亘古不变的三大题型。而阅读下面，随着年级的升高，一定也会逐渐细分成古诗词鉴赏、文言文阅读、分文本

类型的现代文阅读以及名著阅读。作文呢，小初阶段重点考查的是记叙文，高中便会转型为议论文；诗词创作并非中高考必须，但学习一些也会极大地提升记叙文、议论文的文采与对诗词的鉴赏能力，算是个拓展项。

再看右侧的能力维度，由低到高的六个，标志着我们学习的深度，体现在具体题目的设问上。比如古诗文默写题，很明显就是在考查识记能力；归纳能力呢，更是阅读中的重头戏，其设问方式多到不胜枚举：概括文章主要内容、概括段落大意、概括人物性格特点与情感变化、概括文章中心思想、概括文章线索与结构、概括说明对象的特点功能用途等等；表达能力在哪儿呢？作文就是对表达能力的直接考查，可谓表达能力的最高体现。当然，阅读板块中的每一道主观题也在间接地考查我们的表达能力，比如文言文的翻译题，在理解文义、掌握语法和词汇的基础上，最终还是要信、达、雅地写成一句文从字顺的现代白话。

所以，了解语文学科的能力维度是不是也很重要，在学习各个知识板块的过程中，时时用能力维度来要求自己深入掌握知识、分析文本、思考问题，你就初步具备了命题人思维。

由此，通过知识板块和能力维度两个角度，我们便纲举目张地解构了语文的学科谱系，也就是在明白"语文是什么（内涵）"之后进一步搞清楚了"语文都包括什么（外延）"。但是，学习是一个动态的过程，在掌握了横向的学科谱系之后，还需要知道在时间维度上纵向的学习进程如何安排，用大白话来讲就是："小初高学习语文具体怎么规划呀？"这个问题更加接近实际操作了，也是宋老师常常被无数家长和同学问到的——欲知详情如何，且听下回分解。

洞悉语文学习的时间轨迹

语文学习的时间轨迹，或曰在时间线上的进度规划，有必要在这里耗费笔墨絮叨一番吗，跟着课程标准和教材课文走不就得了？当然是可以的，如果只是期望自己的语文能力和成绩在"中人"水准的话。但若是想把语文锻铸成自己攻城略地、跃入名校的强势学科，做个鹤立鸡群的语文高手，就需要超越大众化的学习进程，在时间轨迹上进行大刀阔斧的改革，一言以蔽之：先发制人。

先说为什么，再说怎么办。

强势的语文能力与成绩，必须"先发制人"，这是由语文学科的特点决定的。语文学科与其他八个文化课科目（数学、外语、物理、化学、生物、地理、历史、政治）相比，最大的特点就是它需要学习的内容体量太大。其他学科在掌握了原理和知识之后，直接练习题目、总结方法即可，但语文不够，在原理、知识、题目之外加上了课文与名著两座大山。你可能要问：其他学科的教材中不也是有课文的吗？诚然，但其他学科的课文（外语除外）就是原理和知识本身，比如历史教材的课文，将其条分缕析成要点（历史事件的背景、原因、时间、地点、人物、过程、结果、积极与消极意义等）后背下来，你就掌握了学科核心知识，下一步就是读材料做题了。但是语文的课文……你也可以背下来，但这一篇篇或抒情或叙事或说理的文字，并不是学科知识本身，只是学科知识的一个载体，如同历史、政治试卷中的材料或数学、物理教材中的例题，背下来也与试卷题目不搭界。更可怕的是，年级越高，课文与试题越不搭界，小学课文中的字词还是会在试题中呈现的，初中的文言文课文还会在试卷中选择性考查，到了高中，课文与试题完全是油水两层皮，简直与课外书无异！背课文，背了个寂寞？但是不学又不行，学科原理与知识又必须依托课文这个载体来呈现展开，于是第一座大山压上了。然而仅仅学习课文是远远不够的，按照课标的说法，同学们通常要完成教材内容十倍以上的阅读量才可以形成较高的阅读速度和较好的阅读能力，这个"十倍"的阅读量靠什么？当然得靠名著了，多少呢？课标中明确建议的，小初阶段28种、高中阶段50种！合计78种，不说都看下来，就算只看1/4，那也是皇皇巨著20本，试问哪个学科在原理、知识、题目之外还要至少看20本书的？同为语言类的外语学科，以英语为例,有要求咱们同学通读英文原版的乔叟的《坎特伯雷故事集》、弥尔顿的《失乐园》、莎士比亚的四大悲剧以及狄更斯的《双城记》吗？倒是要读《格列佛游记》和《大卫·科波菲尔》——对不起搞错了，这是语文的要求，读汉译本，切莫侥幸，会在中、高考中考查哈。说了这么多，其实就是希望大家清楚语文体量太大这个特点。因为体量大，所以语文能力和成绩的提升速度相对其他学科没有优势（并不是说其他学科成绩提升很快，试看数学、物理让多少才子佳人泪洒考场）。一旦没有做到先发制人，而是等到初三、高三再去发力，在六个学科拼抢时间的紧张局面和焦虑心情下，就会大概率因为提升不快而被优先放弃。此其一。

其二，语文作为文科的一门，在学习过程中需要记忆的内容相当之多，如词语、语法、诗文名句名篇等。这就要求我们尽量在13岁之前的语言学习和记忆力黄金习得期多积累一些，所谓"童子功"是也，而不要非等到十四五岁之后记忆力逐渐下滑时再去做大量需要记忆的功课。20世纪八九十年代时，也就是宋老师小时候，是初一才开始设置英语课的,后来为何不断往前提呢?先是提前到小学三年级,后来甚至一度提前到小学一年级就开始学英语,这其中虽然有盲目"接轨国际"的心理作祟,但确实也符合语言学习的科学规律和记忆力发展的生理特点。语文、

> **附录2 关于课内外读物的建议**
>
> 义务教育阶段要激发学生读书兴趣,要求学生多读书、读好书、读整本书,养成良好的读书习惯,积累整本书阅读的经验。
>
> 阅读材料包括适合学生阅读的各类图书和报刊,下列推荐的读物仅为举例,可作为整本书阅读等学习任务群的内容,也可推荐学生在课外阅读。
>
> 童话,如安徒生童话、格林童话、叶圣陶《稻草人》、张天翼《宝葫芦的秘密》等。
>
> 寓言,如中国古今寓言、《伊索寓言》等。
>
> 故事,如成语故事、神话故事、民间故事、中外历史故事等。
>
> 诗歌散文作品,如鲁迅《朝花夕拾》、冰心《繁星·春水》、《艾青诗选》、方志敏《可爱的中国》、《革命烈士诗抄》、中外童谣、儿童诗歌等。
>
> 长篇名著,如吴承恩《西游记》,施耐庵《水浒传》,老舍《骆驼祥子》,罗广斌、杨益言《红岩》,埃德加·斯诺《红星照耀中国》,斯威夫特《格列佛游记》,夏洛蒂·勃朗特《简·爱》,高尔基《童年》,奥斯特洛夫斯基《钢铁是怎样炼成的》。
>
> 科普科幻作品,如《十万个为什么》、儒勒·凡尔纳《海底两万里》等。

上图:《义务教育语文课程标准》(2022年版)中名著阅读的书目。

英语两科，同为语言学习，其理同然，皆须我们早点下手，先发制人，不要等到上了初高中再去低效地亡羊补牢。

语文学科的两个特点决定了先发制人学习语文的必要性，而目前我们"633"（少部分地区施行"543"）的学制则提供了先发制人学习语文的可能性。漫长的六年小学，实际上只有语数外三个学科，较之初高中的七到九个学科纷至沓来，在学习时间上是非常宽裕从容的，这个时候，正是我们提前学习、夯实语文功底甚至超前拿下初高中语文知识的良机。如果小学阶段沉迷于"快乐教育"而无法自拔，那么一旦上了中学，七年级学科瞬间增加到了七个（语数外史地政生），每天晚上各科的作业、复习、预习任务都难以完成，还哪里有额外的时间来阅读写作？所以一定要利用好小学的六年时光，在他人酣睡之际先发制人地把汉语言文学的知识能力夯实，那么到了初中就会笑看别人焦头烂额而自己闲庭信步。常有家长跟宋老师抱怨,说自己七年级孩子的同学竟然能直接做中考语文真题卷,抚今追昔,悔不当初。是呀,谁让咱们孩子小学六年都玩儿过来了呢?素质教育没有错,但才艺是素质,焉知学科就不是素质了?殊不知素质教育中最重要和基础性的素质恰恰是学科应试素质!

说到这儿,语文学习的时间轨迹大家应该很清晰了,那就是先发制人——学前到二年级重在背诵诗词与蒙学名篇以积累,三至六年级全面完成初中难度的诗词、文言文、现代文、名著阅读与文章写作,那么到初中阶段,在倾斜少部分精力于中考备战之外,便可以游刃有余地拓展高中高考难度的知识和题目了……一步快则步步快,同样地,一步赶不上则步步赶不上。高下成败,何去何从,正在你我的一念之间。

强势语文 = 高校门券 + 实现目标

前文从纵横两个方面说了语文学习的内容和进度，回过头来，还要再解决一下语文学习的"态度"问题，所谓"态度决定一切"。虽然有些唯心，但确是做事的起点。态度是"体"是"道"，如果不端正，后面作为"用""术"的方法再科学、方向再正确也是无力回天的。

有关语文学习态度问题的一个最大的谬论，即流传甚广的"语文无用论"。其基本论调系：语文成绩是很难提升的，但因为每个同学都会认字说话，自然也都可以考个差不多的分数，所谓高不到哪儿去也低不到哪儿去，那又何必劳神费力地学习语文呢?

这个论调实质上是一种自欺欺人的鸵鸟政策,纯属为自己不想学或不会学找挡箭牌。为什么这么说呢?因为事实说明语文成绩的高下差别是存在的,且相当之大,绝非大家都其乐融融地窝在一个区间里相安无事。它可以成就"学神"的辉煌,也可以酿造"学渣"的惨痛。

	总分	语文	数学	英语	物理	化学	生物
王同学	723	132	147	144	100	100	100
蒋同学	720	128	150	142	100	100	100
董同学	717	126	150	141	100	100	100
陈同学	712	125	149	138	100	100	100
谢同学	710	116	150	144	100	100	100
林同学	710	120	150	143	100	100	97
倪同学	709	124	148	140	100	100	97
倪同学	708	120	140	142	100	100	100
林同学	705	125	150	142	97	94	97
张同学	704	114	150	143	100	100	97

试看上表,这是2022年浙江省高考理化生组合前十名同学的各科成绩明细,我们可以看到,第一名和第十名总分的差距是19分(723~704)。具体到各个学科呢:数学基本在147~150,英

语基本在138~144，而理化生更是除了个别人外都是满分，英数理化生五个学科，单科差距都是很小的，抽肥补瘦之后，大家几乎都是平手。那最后的胜负手就出在语文上了——第一名和第十名，两者相差高达18分（132~114），而总分的差距才19！宋老师虽然教语文，但以前总觉得说什么"得语文者得天下"是夸张之辞，看到这个表之后，事实胜于雄辩，我第一次感觉还是有些道理的。对于优秀学生而言，英数理化生史地政的差距通常很难拉大，决战之际，语文反而成了大家最后"亮剑"的利器，化作了"学霸"和学神之间的分水岭，造就了"985"与"北清"的一步之遥。同时，顶级"学霸"的语文成绩如此参差，也印证了我强调的语文体量大、须先发制人的观点，如表中诸君，哪个智商不在线、方法不高妙？即使聪慧如许竟也折戟语文，正说明语文不靠长期深厚的积累、仅凭短期突击刷题是无法一蹴而就、做大做强的。

高手对决靠语文，其实差生更要仰仗语文来维护成绩的基本盘，何以言之？我刚就业到公立学校时，实习期曾经被安排给高三艺考班带课，发现对于相当比例的艺考生而言，数学、英语往往是惨不忍睹的，甚至只能靠"蒙"选择来捞个二三十分。而在获得艺考合格证书之后冲刺高考的几个月里，也几乎没有可能将数学、英语化腐朽为神奇，那就只好靠语文和史地政来打天下了。史地政强调的是一个记忆力的基本功，而语文呢，至少大家还是识字的、可以读写文章的，150分里拿到百分左右还是大有可能的。在这种情况下，如果胆敢放弃语文，那对成绩不啻一种腰斩；而强化语文学习，反而会为总成绩构筑一条防止垮塌的护城河，最终助力梦圆高校。艺考生如此，而诸多对数理化不开窍、对英语不感冒的差生亦如此，抓住语文，就是抓住了考上大学的最后一根缆绳。

因此，同学诸君一定要明确，语文对于高考

的成败是极为重要的，它决定了差生能否升学，更决定了优生能否进入优质高校。如果眼光放长远的话，越过升学敲门砖这一功利狭隘的层面，语文素养比任何其他学科都会更深刻地影响我们一生，试问诸君，即使学习理工科，本硕博学教材、写论文要不要汉语读写能力？公考时的申论，不就是一篇难度更高的大作文吗？即使学习外语，岂不知"一个人的外语水准归根结底是由他的母语程度决定的"？就算到了任何一个工作岗位，计划、方案、总结、汇报、发言稿、企划书……哪个又能超然于我们的汉语写作能力之外呢！所以，在中小学阶段夯实锻铸强势的语文能力，就等于斩获了进入目标高校的门券，更奠定了高考取得好成绩的根基，一箭双雕，何乐而不为？

极简三原则:科学谱系化、降维打击化、积累制度化

接上节所云,语文对于我们的升学和人生如此重要,那么当务之急就是得找到高效学习语文的方法,于是便回到了我们这本小书的书名"语文极简学习法"。

所谓"极简",并不是说学习语文是一件极其简单的事。相反,语文学习是一个浩大的工程,其周期也以"年"为单位,绝非可以不费吹灰之力就脱胎换骨修成正果。当然,任何一个学科要实现由弱变强的跃进,皆没有什么短平快的终南捷径可走。如果有人蹦出来跟你兜售什么"速成

大法""决胜妙招""点石成金必杀技",相信我,那一定属于忽悠钱财或流量的野狐禅派"教育从业者",其性质如同20世纪初老北京天桥卖大力丸的江湖人士。宋老师本人是一个高中时期的逆袭型"学霸",譬如我的数学,在高一上第一次单元考试中"荣获"36分(满分120)。面对如此惨淡的人生,我在之后的两年中一直坚持不懈地补习数学,几乎将50%以上的学习时间都倾注到了数学之上。即使如此,直到高二下,我的数学也并未见到明显的起色,高二下的期中还出现了阶段性的回潮,没有及格。黑暗,黑暗,在浓稠得像墨汁一样的黑暗中艰难摸索和攀爬了整整两年,才最终在高三上迎来了曙光——并非一缕,而是一轮喷薄而出的金灿红日——高三开始,我的数学从未下过135分(满分150),并一直保持到高考的147分。两年的负重前行、屡败屡战,才换回了我数学成绩的辉煌。况且,还有很多付出了同样多努力的同学并未熬出头,我们又有什么理由将任何一个学科的提升过程说得云淡风轻、易如反掌呢！如果真有这种速成妙法，以今日的网络传播速度，早就传遍全国，使高考750分人人唾手可得，又何必书山有路勤为径，学海无涯苦作舟？

因此，所谓"极简"，不是指整个学业的过程，而是指学习语文的方法。方法是可以大道至简的，如同《辟邪剑谱》中的"天下武功唯快不破"，但借此精进的学业过程，又如同《流浪地球2》中的"移山计划"，需要我们矢志矢勇、刚毅坚卓。

宋老师积近四十年语文学习与教育之经验，提炼出锻铸强大语文能力和成绩的三大心法，因其道理至简，亦称"极简三原则"，即：科学谱系化、降维打击化、积累制度化。

其一，科学谱系化。即在学习语文的过程中，一定要明晰各个知识板块（及其二级、三级子目）与能力维度，循此提纲挈领、各个击破、靡无遗漏，避免碎片化的学习。

其二，降维打击化。即在学习语文的过程中，一定要先发制人、高屋建瓴，通过学习高于本学段、年级的知识来带动自己对现阶段课内知识的深入理解和掌握。学前即启动拼音汉字学习与诗词蒙学背诵，小学学习初中内容，初中预热高中知识，高中则展拓先修大学汉语言文学专业课程，由此形成对现阶段课内知识与考试的鸟瞰俯视、降维打击。

其三，积累制度化。即在学习语文的过程中，秉持长期主义原则，日拱一卒、身笔合一地通过笔记、周记、习作、试卷集等文档整理来积累和消化知识、素材、文思辞采与解题方法。一日一钱，千日一千；绳锯木断，水滴石穿。

将"极简三原则"的核心内容言简意赅地表达出来，其实就是如上寥寥数句。但在真正的贯彻执行中却需要我们灌注无限的细致、坚忍与创意，并结合知识板块与题型不断地甄别归纳出更多具体而微的小方法、小秘籍，最终形成一个语文学习方略的矩阵，成就你我君临天下的成绩。

子曰："譬如为山，未成一篑，止，吾止也；譬如平地，虽覆一篑，进，吾往也。"表其意，乃修身、治学、事功都好比堆土成山，只差一筐土便完成的时候停下来了，这是因为我自己不能坚持而停止的呀；又好比填平洼地，即使现在仅仅倾倒下去一筐土，但如果持之以恒便终能完成，我也会奋不顾身地继续前进。

夫子诚不我欺，得胜之道，正在其中，与诸君共勉！

第二章

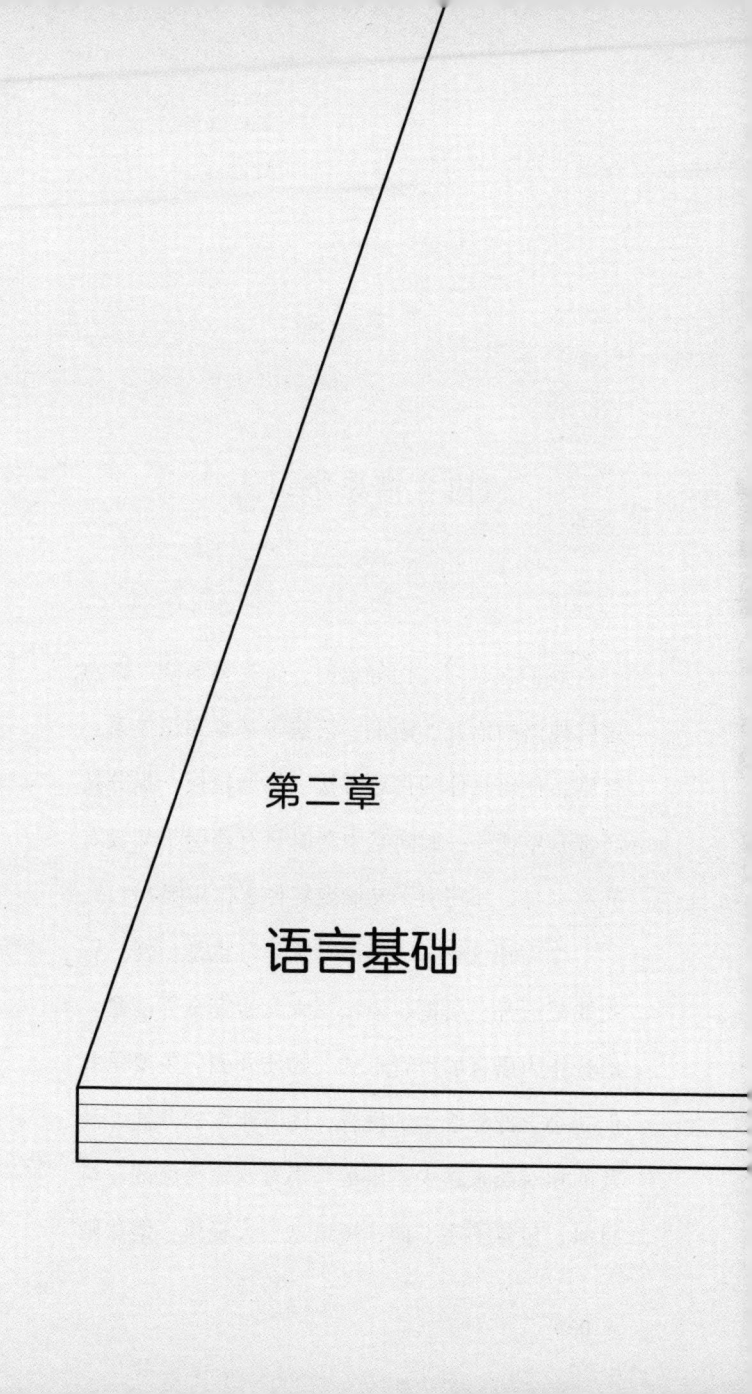

语言基础

语言谱系学习法

我们在学习一门外语时,首先要通晓、背熟这门外语的语音、语汇、语法等基本知识体系。否则,任何具体的做题方法、答题模板、提分技巧都是空谈——如同吃中药时只有药引子却没有药材本身,那药引子又能发挥什么作用呢?

学习语文——"汉语言文学"也是一样。首先要把语音、语汇、语法三大元素完全弄清楚。语音作为语言的声音形式、物质外壳,主要是我们在小学低年级学的拼音,随着年级的升高,涉及的相对越来越少;语汇是语言这座大厦的建筑材料,包含了字、词、短语这三大板块;语法则是语言的运行规则，不掌握它，出口下笔就全是病句了，遑论看懂别人的长句、洞悉文章的义理？

那怎样学习汉语的语音、语汇和语法呢？我首先推荐的就是语言谱系学习法。也就是从语音、语汇和语法各自的内容谱系出发，分门别类地把它们的每一个知识点搞清楚。

以汉字为例，在学习的过程中要首先知道它的性质，是表意文字还是表音文字呢？比如说宋老师名字中的"炳"字，左边一个"火"，右边一个"丙"，难道是表达火中第三的意思吗？当然不是，"丙"表这个字的发音，"火"表这个字的意思类别。所以汉字既不是纯表音的，也不是纯表意的，而是兼表意、音的意音文字。了解了汉字的性质，然后再去一个一个地拿下汉字的源流以及汉字书体、结构、笔顺、造字方法等，甚至包括汉字的字际关系，比如说异体字、简繁字、通假字、古今字分别是什么。还有孳乳汉字，是外族人模范汉字的结构与造字方法造出来的文字，如日本的假名、韩国的谚文、越南的字喃，以及已经灭绝的契丹文、西夏文、女真文，都是从汉字派生出来的方块字。当把汉字所涉及的这些领域都掌握之后，我们对文字体系理解就比一般人要通透得多，再学习具体一个个的汉字就会从表象看透其内涵本质，就像庖丁的"目无全牛"一样。不是单单强调认识了多少汉字，而是从汉字本身的各个领域去全方位地了解它，这就是语言谱系学习法。

词汇也是一样的，先知道汉语的词汇有哪些基本单位、结构类型，进而学习什么是词类（性）、词义。比如词的本义和基本义是不一样的。本义就是原始义，是这个词最初产生时的那个意思；而基本义是在使用过程中最常用的意思。有的词语基本义并非其本义，在使用过程中逐渐发生了改变。还有引申义、比喻义，又有色彩义（分褒贬和语体），都需要我们搞清楚它的谱系。

学好语言谱系，会让我们有扎实的语言基本

功。虽然在中、高考中不会有考题直接考这些知识，但当我们把这些理论研究透彻时，再做阅读，无论句子多长，词语多复杂，你都能轻易看透它的意思，抓取信息也比别人更准。对作文也会有很大的帮助，有的同学直到高考时还会出现错别字、用词不当、标点错误以及大量语病的问题。这种基础性错误的出现，本质上都是因为忽略了语言谱系学习法。

词典学习法

很多人把语文学习视为一种"玄学",认为没有什么方法可以用。事实并非如此,我们学习外语的一些方法也可以拿来用在语文学习上。

比如,学英语的时候我们通过背词典来扩大词汇量,同时也能了解这个单词的读音、义项、相关短语、例句等知识,由点及面地掌握一系列知识和用法。同理,语文学习也是可以"背"词典的。

这里给大家推荐三本最基本的汉语词典。

第一本是《现代汉语词典》。我们日常生活中基本的汉语词汇都包含在这本词典内,并配有精确的读音、义项、例句。如果一位同学在小学二到四年级这个阶段熟读甚至背诵《现代汉语词典》的话，他的语言功力一定是不可限量的。就像一个学英语的孩子天天抱着本牛津、朗文词典诵读默写，他的英语怎么可能差。

第二本是王力先生主编的《古汉语常用字字典》。如果要学文言文，这本是必不可少的。

第三本是《成语词典》。

这三本是最基本的，如果还想继续扩大词汇量呢，宋老师建议你去看《辞海》和《辞源》。这两本是大部头的工具书，《辞海》有点像纸质版的百度百科，收罗了各行各业的专有名词；而《辞源》则几乎荟萃了中国古籍中出现的所有词汇，它汇聚的典故名物可比一般的古汉语字典或成语词典多得多。这两本如果能够备于案头，一定会极大地扩张和提升同学们的词汇量、阅读力与思维力。

除了以上这些大部头的词典，还有一些简明

有趣的专门性小词典,比如歇后语词典、古代神话词典、名言警句词典等。这些可以作为我们消磨碎片化时间的一些小读物,开卷有益。

看个一两条,可能并不会对我们的素养、能力、考试有直接明显的帮助。但"泰山不让土壤,故能成其大;河海不择细流,故能就其深",日积月累下,一定会对语文乃至史地政学业大有裨益。

常用汉语言文学词典					
分类	字典	词典	古汉语	百科	专门
初阶	《新华字典》	《现代汉语词典》	《古汉语常用字字典》	——	——
进阶	《汉语大字典》《康熙字典》《说文解字注》	《汉语大词典》《现代汉语八百词》《尔雅》	《王力古汉语字典》《辞源》	《辞海》	《中国成语大词典》《唐诗鉴赏词典》等

文科记忆力要领

文科记忆力要领有三。

第一,须趁早。

研究发现,从脑科学的角度来说,一个人记忆力的黄金期是在13周岁之前。第一章我们讲过,英语学科的起始时间从20世纪八九十年代的初中一年级,提前到现在的小学一年级,很关键的一个原因就是期望遵循记忆与语言习得的生物学规律。汉语也一样,一定要在小学期间把童子功搞好,在记忆黄金期多背多记。否则,升入高年级需要记忆的科目与内容越来越多,时间捉襟见肘不说,效果也是事倍功半,真就成了有心杀贼、无力回天了。所以背诵一定要趁早，年龄越大记忆力越差。

至于在一天之内选择早上背还是晚上背，这个因人而异。有人的心流集中于清晨，就适合早起背诵；有人夜色越深越精神，就适合熬夜背诵。根据个人的习惯来，家长、老师也不要搞一刀切。

第二，须动笔。

我常说：口诵五遍，不如笔录一遍。为什么呢？因为书写的过程就是一个加深视觉乃至肌肉记忆的过程，何况我们的考试，考查的也是大家的动笔功夫而非视觉听力。您嘴上功夫再顺溜，最后也得落到文字上见真章；一旦出现提笔忘字、写错别字的情况，都会让我们的努力付之东流。所以，在背诵时一定要拿着笔写，抄写、默写、反复写。

除了语文，英语、历史、政治、地理等文科科目同然此理。

第三，须用好碎片时间。

欧阳文忠公曾云："余平生所作文章多在三

上,乃马上、枕上、厕上也。"诚不我欺。我们背东西的时候千万不要总想着留待整块的时间去完成,而是要充分地利用好学习生活中的碎片时间——睡前、清醒后赖床时、上厕所、通勤等坐车时——都可以拿来背诵一些小段儿的东西。

总之,文科记忆要做到这三点,非常关键。如果做不到,那我们在背诵功夫上就会有漏洞短板。大家可不要小瞧背功,如果没有强大的背功的话,所有的理解、归纳、鉴赏、探究、表达都是无源之水、空中楼阁。

降维打击练字法

考卷上的字迹对我们的成绩有非常重要的影响。写主观题答案时,如果字写得特别烂,阅卷老师首先会觉得这是个差生,先入为主的恶印象就定下来了。其次,就算内容答得比较好,可是字太烂导致阅卷老师看不清楚某些局部,可能就会与得分点、精彩之处擦肩而过了。所以,字迹是否舒朗清晰,无关审美,但对语文成绩的影响绝不少于5分。

那么我们究竟该如何练字呢?我推荐降维打击练字法,也就是用毛笔字带动硬笔字的练字法。

为何要毛笔字先行?如果年龄还小,刚开始

识字，这时练习毛笔书法的话，笔顺、间架结构这些就会打好基础，较之家长自己教，毛笔书法老师至少不会犯太多倒下笔的错误。如果马上中高考了，字还是歪七扭八，想突击提高一下，这个时候就更不要一根筋地去练硬笔书法，还是得从毛笔起步。因为毛笔较之硬笔，就是"降维打击"。首先，硬笔的笔杆子本身比较轻，写起来不费劲，不能锻炼我们的腕力与手指的抓力；而毛笔比硬笔长很多，蘸饱墨汁后也更重一些，所以如果能控制好毛笔，让毛笔在手上稳如磐石甚至运转如飞的话，再去写硬笔，当然就是杀鸡用牛刀、手到擒来了。其次，写毛笔字时，对字的顿笔、出锋等讲究得比较多，在练字的过程中就能把书法的基本技巧习得，再写硬笔时，把这些技巧迁移过来就行了。

所以大家一定要注意，如果说我们到了初、高三字还是写得稀烂，就不要练硬笔了。每个月拿出一星期，每天对着柳体或欧体楷书字帖描红

30字+临帖50字,然后秉持着用硬笔如同用毛笔的心态,就一定会让你的硬笔书法大为改观。

总之,无论是刚上一年级的小朋友还是初、高中即将参加大考的大朋友,都可以尝试宋老师这种以毛笔带硬笔的降维打击练字法,必收奇效。

第三章

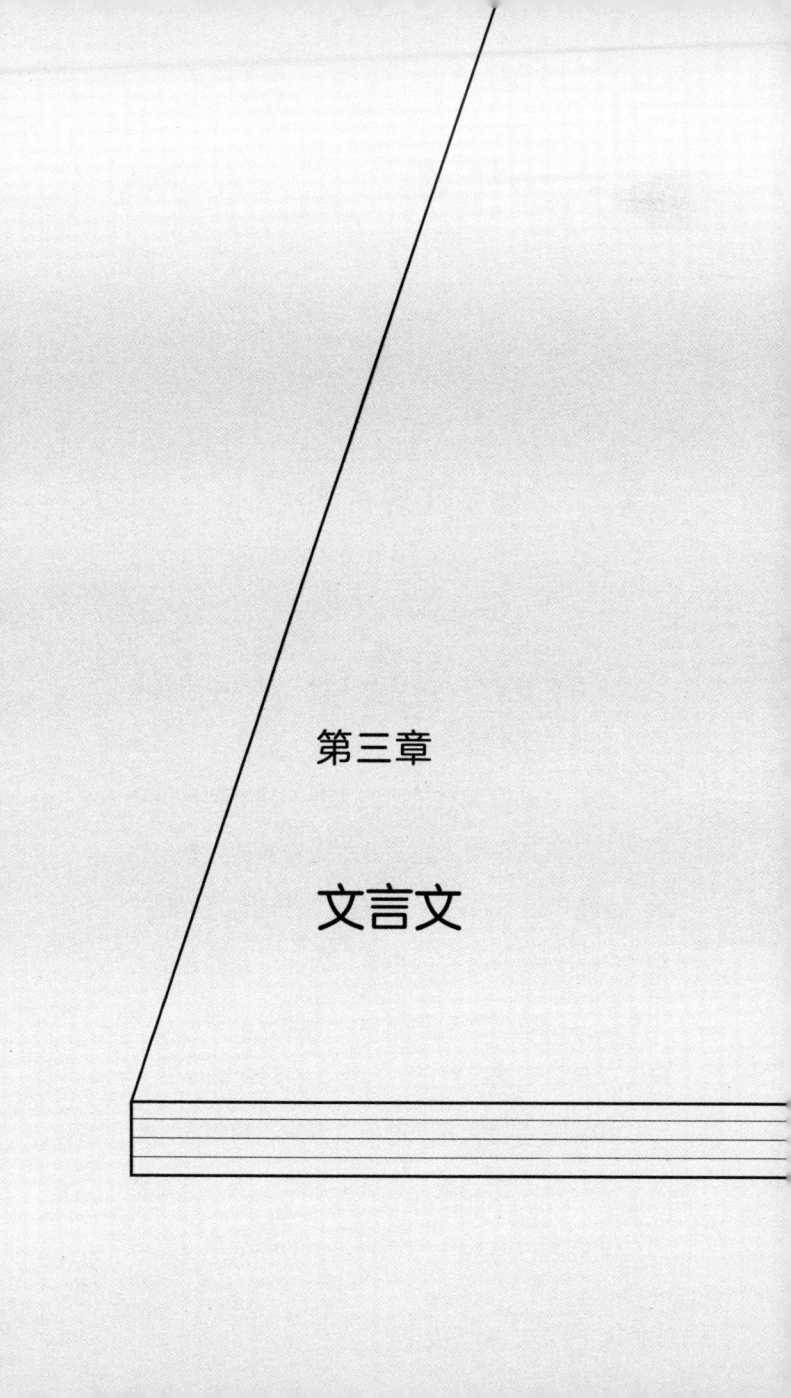

文言文

逐字注解精读法

　　文言文的学习方法，最关键、最核心的就是逐字注解、逐字精读。

　　然而，通常教材给出的文言文注解却是插花式的，非常不全面，经常是尽人皆知的它勤于注释，而我们闹不明白的、难懂的它恰恰又留白了，根本不能做到地毯式的覆盖。因此，我们在学习文章时只学给出的那些注释，是绝对不够的，不仅文义理解不透，更做不到靡无遗漏地翻译。

　　中、高考对文言文的阅读考查，最难的，也是最能拉开差距的翻译题，8分两句话，需要我们逐字落实，但凡有一个字、一个词不知道它的含义或用法，整个句子翻译出来就会有漏洞，自然就会出现扣分点。因此我们平时的文言文学习，必须做到字字落实，不能有任何漏洞。

道理很清楚，那我们该如何做到呢？

一方面，我们可以借助书籍，比如古汉语字典，将教材上文言文没有给注解的地方，自己用字典查。一个字，字典上往往会有多个义项或用法，结合原文大义和句中语境，把每个义项或用法都挨个带入对照一下，看哪个是最合适的。另一方面，我们可以借助网络查阅相关文言文的解读或课程，比如宋老师的"新古文观止"精读课就会带着大家训诂考据式地去学习文言文篇章，决不会"观其大略"。须知，平时学习的每一处"略"，在考场上就会成为一个"坑"或"雷"，让我们悔之晚矣。

另外，做注释、翻译时，注意用不同颜色的笔，以便清晰地区分不同的项目，复习时不至于混淆。

小学生学习宋老师"新古文观止：文言文分级阅读"课程时的随堂笔记

虚词句式公式法

我们常说文言文在词汇和语法上跟现代白话文是两套体系,而语法本身有很强的规律性,如果我们把这些规律总结成公式,那么我们的文言文学习就会容易很多。

比如最常见的判断句。在现代白话文中,判断句句式为"A 是 B"或"A 不是 B",如:

北京是我国的首都。
小胖暗恋的女孩儿不是咱们班文艺委员。

但在文言文中,肯定判断句没有"是"这个

判断词或系动词,而是呈现为以下四种形式:

① A,B 也。

而母,婢也!

② A 者,B 也。

彼秦者,弃礼义而上首功之国也。

③ A 者,B。

天下者,高祖天下。

④ A,B。

贾生,洛阳之少年。

而否定判断句亦不用系词"是",是在谓语前加上"非"字(副词)。

子非鱼,安知鱼之乐?

且文言判断句的谓语前,可以加副词或语气词来修饰其程度,如"乃""必""诚"(以上加强肯定)"宜"(表推测)"皆""唯"等。

吾乃梁人也。

夺项王天下者,必沛公也。

汝诚人耶?

此宜禽兽夷狄所不忍为。

自是以来,诸用秦者,皆应、穰之类也。

晋楚唯天所授。

除了判断句,还有叙述句、否定句、被动句、疑问句,还有使动、意动、为动、名词作状语、宾语前置、谓语前置、定语后置等用法,都可以归纳出公式。把这些公式掌握了,我们再理解文义时、文白对译时就能按图索骥,大大降低难度、提高成功率。

多维标签化断句法

在试卷的文言文阅读部分,断句题占的分值也不少。如果想把断句题做好,首先需要储备一定量的古代汉语知识与文学文化常识,能够明察词义与文理。除此之外,断句也是有方法技巧的,如本节标题,我们可以通过多维标签来断句,即找一些标签和记号,看到它们就知道该在哪儿断了。

一、名词代词断句法

通常完整的句子都有主谓宾,而主语或宾语一般由名词或代词充当。找出文中反复出现的名词或代词,根据语法知识判定其是否为主语或宾语，就可以在其前或其后断句。如：

湖阳公主新寡帝与共论朝臣微观其意
湖阳公主新寡/帝与共论/朝臣微观其意

二、动词断句法

文言文的句子多以动词为谓语为中心。找出作谓语的动词，结合句意，就能区分出独立的句子。如：

诸葛靓后入晋除大司马召不起以与晋室有仇常背洛水而坐
诸葛靓后入晋/除大司马/召不起/以与晋室有仇/常背洛水而坐

文言中经常会省略主语，用谓语动词开头，所以当我们看到谓语动词时，需要考虑一下这个动词前面是否需要断句；同理，有些句子会省略宾语，那就需要考虑一下谓语动词后面是否需要断句。

三、修辞断句法

文言文中对偶、排比句非常多，抓住修辞特点，常能收到一气呵成的效果。

其文章不群辞采精拔跌宕昭彰独超众类抑扬爽朗莫与之京横素波而傍流干青云而直上语时事则指而可想论怀抱则旷而且真

其文章不群/辞采精拔/跌宕昭彰/独超众类/抑扬爽朗/莫与之京/横素波而傍流/干青云而直上/语时事则指而可想/论怀抱则旷而且真

四、对话标志断句法

常以"曰""云""言""道"等字为标志。不过要先根据文意明晰问、答双方是谁。

帝曰卿故复忆竹马之好不靓曰臣不能吞炭漆身今日复睹圣颜

帝曰/卿故复忆竹马之好不/靓曰/臣不能吞炭漆身/今日复睹圣颜

五、时间状语断句法

汉语的习惯是把时间状语放在句首，因此时间状语的出现常是一句话开始的标志。如：

我世世为洴澼絖不过数金今一朝而鬻技百金请与之

我世世为洴澼絖/不过数金/今一朝而鬻技百金/请与之

六、虚词与句式断句法

文言文没有标点，为明辨句读，虚词，如发语词、语气词、介词、连词等便成为非常重要的标志。文言文的判断句、叙述句、否定句、疑问句、被动句都有相关的固定句式，掌握了它们，也就拥有了断句的另一个利器。如：

魏王贻我大瓠之种我树之成而实五石以盛水浆其坚不能自举也剖之以为瓢则瓠落无所容非不呺然大也吾为其无用而掊之

魏王贻我大瓠之种／我树之成而实五石／以盛水浆／其坚不能自举也／剖之以为瓢／则瓠落无所容／非不呺然大也／吾为其无用而掊之

七、诗词格律断句法

根据诗歌体裁、词牌、韵脚，可以给诗词断句。如：

水调歌头·送章德茂大卿使虏

［南宋］陈亮

不见南师久漫说北群空当场只手毕竟还我万夫雄自笑堂堂汉使得似洋洋河水依旧只流东且复穹庐拜会向藁街逢

尧之都舜之壤禹之封于中应有一个半个耻臣戎万里腥膻如许千古英灵安在磅礴几时通胡运何须问赫日自当中

默诵自己熟知的一首《水调歌头》（如苏轼

的"明月几时有"),就可以把句读套到这首词上。

水调歌头·送章德茂大卿使虏

[南宋]陈亮

不见南师久/漫说北群空/当场只手毕竟/还我万夫雄/自笑堂堂汉使/得似洋洋河水/依旧只流东/且复穹庐拜/会向藁街逢

尧之都/舜之壤/禹之封/于中应有/一个半个耻臣戎/万里腥膻如许/千古英灵安在/磅礴几时通/胡运何须问/赫日自当中

综上,断句是有很多规律可循的,掌握了这些标签,即使对文义一头雾水,也可以把握住一部分分数。当然,如果想拿到全分,仍须洞悉文义,系统地掌握语法和基本的文学文化常识,方可以无招胜有招。

文白翻译决胜三法

在我们整个文言文学习的过程中，文白翻译始终是最重要的，也是难度和区分度最高的题目。为此，宋老师简单总结出文白翻译决胜三法。

第一，翻译时要做到字字落实。

翻译一句话，下笔翻译前先逐字作注，在这个基础上译写出初稿。然后一定要回过头检查一下，看是否句中的每一个字词都在翻译好的白话文里出现了。如果漏了某个字、词，一定要高度警惕，赶紧补充。除了需要笔答的翻译题，我们在理解文言文义时，也要在大脑中做到字字落实，否则你的理解很可能会有偏差，从而影响对文义的把握。

第二，抓关键语法。

如"蚓无爪牙之利，筋骨之强"，这是一个定语后置的句子；又如"古人诚不我欺"，其核心考查的是宾语前置；再如"父曰：'履我！'"那个"履"字乃是为动用法。句中关键的语法点通常就是最重要的得分或失分点，一定要精确地译出，否则，必将损失不少的分值。

第三，通读译稿，理顺后再写到试卷上。

草稿出来的白话译文，要在心里默读一遍，甚至可以用唇语小声来读，以免有视觉顾及、体察不到的不通顺之处。其实就是用听觉语感来补充视觉语感的不足，让两种语感双管齐下，免得翻译出来的白话句子本身不通顺、有语病。

不过话说回来，方法虽然有，最重要的前提仍是对文言词汇和语法的掌握。正所谓"一力顶十技"，知识储备如果匮乏，所有的方法也就沦为失去反应物的催化剂，徒留一声叹息。

新古文观止：文言文分级阅读

文言文的学习，要从选择最适宜的文本做起。当然，我们要立足初高中教材中的文言课文篇目，但毕竟高考的篇章纯然是课外的，而中考的选篇也逐渐向"去课内化"发展，所以一定要拓宽视野，遴选课外具有代表性的历代佳作，以为贯通古文的津梁。

但详览目下流行的供中小学生学习的文言文选本，或多或少皆存缺憾。清人二吴叔侄的《古文观止》声名最盛，流布最广，但它以成文时代为纲划分单元，导致同一单元的文章只是作者同代而内容了无干系，漫无关联，失之散乱；而且其选文厚古薄今（北宋以后文章太少）、贵华贱夷（少数民族王朝文章，即使作者为汉人也一概不取）、重虚文策论而轻视经史诸子（完全没有儒学乃至诸子百家的文章），失之偏狭；更兼其选文长短参差不齐，百八十字的小文与近千言的长篇大论掺杂在一起，非常不利于初学者循序渐进。盛名之下，其实难副。

又有人提倡学习老庄，深则深矣，但很容易让中小学生的思想走向出世，年轻轻的就看开了，何来朝乾夕惕、奋发有为？也有人提倡学习《世说新语》，浅则浅矣，但低水平重复建设，加之视野仅局限于魏晋，又怎能支撑学生青出于蓝、登堂入室？

因此，窃以为最适合中小学生的文言读本，应该具备如下几个要求：

1. 分级。按文章篇幅长短和文体难易设置级别，由浅入深，循序渐进。

2. 按文章题材设置单元。保证前后文章话题接近、前后关联。

3.选文均衡。朝代间要均衡，经史子集间也要均衡。中小学生重在博观而非约取，切不可攻其一点不及其余，以致视野狭仄、思想狭隘。

按此标准，笔者不揣固陋，在撷取先贤诸家的基础上，不拘古今夷夏，博采经史子集，按文章题材的门类与所处所述之时代排定单元与篇目次序，据由浅入深的篇幅长短和难易程度编次进阶层级，编撰成《新古文观止：文言文分级阅读》一书。继而，为配合阅读学习，又循题解、正文、评述、语汇语法四维度对每篇文章加以注释、解读、拓展、总结，制成PPT课件，录成视频课程，以精讲辅精读，以课程助学业，以视频配文本。企望借此襄赞莘莘学子管窥古代汉语与中国历史文化的发展脉络和博大精深，进而铸成深厚文言文功底并在考场上轻松斩获高分。诸君如有意，不妨微观小试，教学相长之间，必得长足进步。

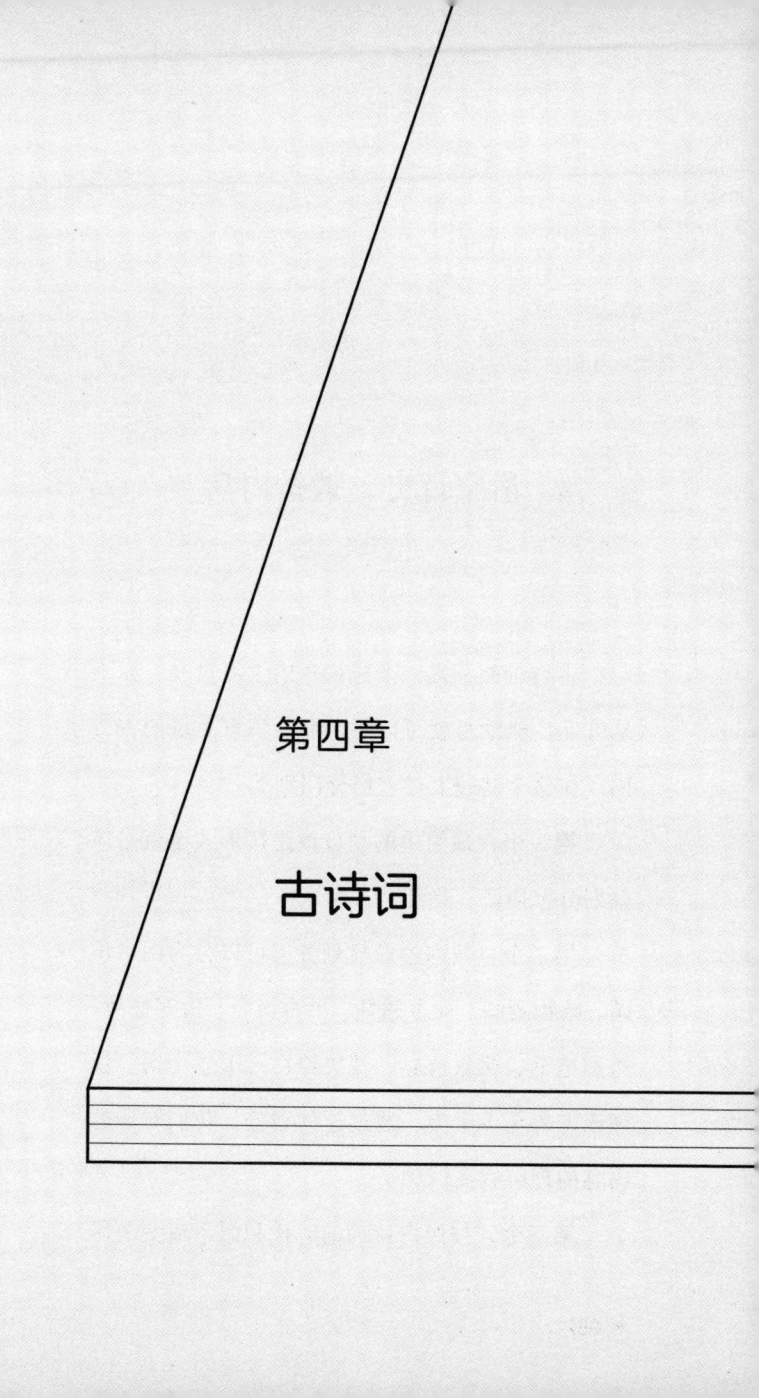

第四章

古诗词

凿空诗史，锻铸内功

古诗词阅读是一个阶梯化的学习过程，而不是背完、能默写就可以了。需要积累大量的古诗词，在这个基础上对它们分门别类。

第一个，最简单的划分就是按形式也就是体裁划分，律诗、绝句、古风。

第二个，按内容题材划分，可以分为山水田园、咏物题画、即事感怀、吊古讽今、边塞征战、送别绝笔、羁旅情思、贺庆悼亡、闺怨干谒、说理谈禅等至少十类。通过这种划分，我们对诗的内容的理解就更深刻了。

第三个，按照古诗词的时代和派系流变去研

究诗，也就是走诗史的路径。

我们了解了古诗词的历史演变和各个流派后再赏析时，就会联系诗歌所处时代的历史文化背景与诗人的人生际遇，包括这个流派跟上一个流派有什么传承的关系，对下一个流派又有什么影响和启发，对这首诗的理解就会更加深刻，鞭辟入里。

诗史源流	
先秦 上古—前221	1.《诗经》：第一部诗歌总集，又称"诗三百"；其"风雅颂赋比兴"被称为"六义"；《毛诗序》是中国古代最早的诗歌理论著作 2.屈原与《楚辞》，屈原与宋玉合称"屈宋"
秦汉 前221—220	1.汉乐府民歌：《孔雀东南飞》《十五从军征》 2.东汉文人五言诗：《古诗十九首》
魏晋南北朝 220—589	1.建安与正始文学：以"三曹"（曹操、曹丕、曹植）、"建安七子"（孔融、陈琳、王粲、徐干、阮瑀、应场、刘桢）、"竹林七贤"（嵇康、阮籍、山涛、向秀、刘伶、王戎、阮咸）为代表，标志着文学独立于政治、历史的开始 2.东晋刘宋的山水田园诗：（1）陶渊明的田园诗与抒情辞赋；（2）谢灵运的山水诗 3.南北朝乐府民歌：《子夜吴歌》《木兰诗》 4.早期诗话：钟嵘《诗品》

（续表）

诗史源流	
隋唐五代 581—960	1. 初唐四杰：王勃、杨炯、卢照邻、骆宾王 2. 盛唐山水田园诗人：孟浩然、王维（"诗佛"） 3. 盛唐边塞诗人：王维、高适、岑参、王昌龄。 4. 盛唐"诗仙"李白（浪漫主义）与"诗圣"杜甫（现实主义） 5. 中唐"元白"（元稹、白居易）的新乐府运动（"文章合为时而著，歌诗合为事而作"） 6. 中唐其他诗人：韩愈、柳宗元、孟郊、贾岛（"诗奴"）、李贺（"诗鬼"）、刘禹锡等 7. 晚唐诗人"小李杜"：李商隐、杜牧 8. 晚唐五代词的兴起：温庭筠"花间派"、南唐后主李煜
宋元 960—1368	1. 宋词分婉约派与豪放派，前者代表有柳永、晏殊、李清照、姜夔等，后者代表有苏轼、辛弃疾、陈亮等 2. 宋诗较之唐诗，具有更强的说理性、政治性、散文化特点，代表有欧阳修、王安石、苏轼、朱熹、陆游、文天祥等 3. 南宋四大家（中兴四大诗人）：尤袤、杨万里、范成大、陆游 4. 元散曲
明至清中后期 1368—1840	明末清初爱国诗人：顾炎武、夏完淳、屈大均、张煌言等
近代 1840—1919	王国维《人间词话》
现代 1919—1949	新诗（白话诗、现代诗、自由诗）兴起：胡适、郭沫若、徐志摩、闻一多等

第四个，要读诗话。

诗话是历代关于诗歌鉴赏的文学理论，从

《毛诗序》、钟嵘的《诗品》开始,一直到近现代如王国维的《人间词话》、林庚的《唐诗综论》等。通过诗话,看历代文学评论家如何品评古诗词的,他们从哪些角度切入分析和想象?当你到达了这个高度,就具备了很强的鉴赏古诗词的能力。

所以,我们读诗,基本上就按照这四个阶梯去登堂入室,一步步加深,而绝不能仅止步于背默这种学龄前儿童的水准。

破译"密码",参透内容

这一节,我们来讲讲做古诗词鉴赏题时如何把诗读明白。宋老师有个诗歌四读法,诸君可以参考。

第一,读题目。

拿到一首诗词后,先把题目里边的文字榨干了,就能获得很多有效的信息。那么题目里都蕴藏着什么呢?它可能蕴藏着写作内容、情感主旨、写作手法等很多干货,如杜甫的《春夜喜雨》:

好雨知时节,当春乃发生。

随风潜入夜,润物细无声。

野径云俱黑，江船火独明。

晓看红湿处，花重锦官城。

从"春夜喜雨"这四个字的题目中，我们其实可以看出很多信息：

1. 它写的是春天；

2. 是晚上；

3. 是下雨的夜晚而非月明星稀的夜晚；

4. 下的雨不是疾风骤雨或倾盆暴雨，而是一种舒缓悠然、滋润万物的甘霖小雨。

我们还能看出，作者当时的心境是非常愉悦的，诗歌的情感基调我们也就知道了。

所以我们仅仅通过题目就可以看出很多相关信息，何时、何地、何人，怀着怎样的心情志向，发生了何事，以及它的体裁与题材。

第二，读作者。

读作者就是要善于知人论事，通过分析作者的所处朝代、流派、创作特点、思想变化、人生际遇，来推求这首诗的创作背景、情感基调、所抒志向。

比如孟浩然的诗，十有八九是山水田园诗，寄情于山水之间，仰望于竹林之下。而王维的诗呢，可能得从两种情况来分析（如下两首），王维年轻时积极入世，期望建功立业，写了很多雄浑壮丽的边塞诗；中年之后看透红尘，回归到静心修佛、出世悟道这条路上，于是写了很多山水田园诗。而像岳飞、戚继光的诗呢，显然是以军旅生涯、赤诚报国为主色调。

横吹曲辞·出塞

［唐］王维

居延城外猎天骄，白草连天野火烧。

暮云空碛时驱马，秋日平原好射雕。

护羌校尉朝乘障，破虏将军夜渡辽。

玉靶角弓珠勒马，汉家将赐霍嫖姚。

酬张少府

[唐]王维

晚年唯好静，万事不关心。

自顾无长策，空知返旧林。

松风吹解带，山月照弹琴。

君问穷通理，渔歌入浦深。

所以，我们能从作者身上获取的信息量是非常大的。当然前提是得知道各个诗人的生平特点，否则就无从谈起了。

还有一种情况，作者太小众，根本没听说过，不了解，怎么办？

这时候也不要慌，那就从他所处的朝代来分析。一般来说题干会告诉我们作者生活在哪个历史时期或写出其生卒年以供我们判断，如初唐、盛唐、中唐、晚唐——这些时代信息也够我们分析了。通常，盛唐诗人的诗歌往往充溢着明快雄浑、奋发向上的色彩，因为此时国家富强昌盛，百姓安居乐业，大多数人都是胸怀壮志，想着建立功业、名垂青史呢，即使胸无大志者也不会怨天恨地，即使失意通常也会展现出豁达洒脱的一面。而晚唐诗人的诗歌往往带有浓郁的伤感情绪，因为此时朝政黑暗，阉祸、割据、流寇交相迭至，国事已经糜烂到不可挽回了，所以文人的志向也得不到舒展，诗歌叙述不再宏大，而是寄愁思哀情于山水，或者只关注自己身边的"小确幸"和一些细微琐碎的美感。因此，晚唐诗一方面比较哀怨悲凄，另一方面也有一种细腻清婉的美。

所以说，即便不了解某个诗人，我们单凭他身处的时代，也能大概推知其诗词的一些风格特点和价值取向。

第三，读注释。

一般来说，命题人都会给考生一些相关的背景资料和注释，这个非常重要。因为试卷是有字数限制的，既然给了，就一定有其意义，命题人绝不会把无关紧要的文字往试卷上堆。如果不太注重这些注释的话，对古诗词的理解就很可能出现偏差。有时候一个字可能就提醒了你这首诗情感色彩的领悟，也可能这一个字就能帮你理解貌似云山雾罩的诗句。

第四，读内容。

当然，最终和最主要的还是要读内容，细细地爬梳每一句每一词，看这首诗究竟写的何时、何地、何景、何人、何事、何情、何理。这一点大家都不会放过，因此，所谓四读法，关键是不要只读内容而忽视了前三者：题目、作者（及其时代）和注释。须知，真理常常隐藏在细微之处，而胜负往往定夺于毫厘之间。

"七分诗"的妙用

前面跟大家介绍如何读诗、品诗的方法。事实上,如果我们想把诗歌学好的话,还有一个大招——就是自己动笔写诗。如果不尝试亲自创作的话,我们对诗的感悟就会永远像爬在围墙之外窥伺一样,难以感同身受。所以今天向大家介绍"七分诗"的妙用。

我对学生的要求是,如果有可能,从二三年级开始,就可以自己尝试着写诗。一开始可以给已学的诗改头换面,比如读到一首诗觉得很喜欢,那你就可以把它改成你想表达的东西,改字、换词,只是保留其韵其体。在这个初步尝试的过程中，恶搞、打油诗都没关系，主要期望同学们在这个过程中了解诗歌的创作规律，找韵脚，读懂诗句，进而精简表达（你自己的小心思或大志向）。

宋老师在教高中语文时，会让学生写"七分诗"。什么是"七分诗"呢？就是要求大家在七分钟内写出一首诗，模仿一下曹子建的七步成诗，我们水平差，就权且把七步改为七分钟。如果初中生、小学生的话则可以放宽要求到十分钟乃至一刻钟，但不宜太久。因为诗词创作强调一种强烈喷薄而出的感情，容不得细嚼慢咽，可以先快速写出来，之后再慢慢改嘛。

我会选一个主题，如"夏""鸟""母亲""友人"，抑或时事新闻，又或历史人物，让大家在七分钟内创作出一首近体诗（限绝句、律诗、词、散曲）来，然后各抒己志，讲一下自己创作的灵感、手法等，随即众口品评，问难驳正。在这个过程中，就会自然而然地洞悉诗词创作的章法，了解其中的技巧，知不足而有所得。当你有了这个功底再去阅读鉴赏诗时,对诗歌的体察就会有超乎常人的亲切感和深刻度。下面是几首习作。

鹧鸪天·绘春

清夜临池意兴佳,平明懒起日高斜。晴牕又听梅三弄,陋室还将手八叉。

研宿墨,兑残茶,欲描春梦已无些。昨宵误枕云笺皱,只合皱山作乱麻。

苏幕遮·甲午冬至,秋思迟递

雨微霏,风渐沥。万木霜侵,何处寻残碧。红叶笺多诗未寄,雁字声声,点破萧疏意。

月清眠,人浅醉。惝恍迷离,顾影谁心会?泛梗飘蓬相忘里,桑海浮沉,一任归无际。

长生乐·乙未仲秋寄怀

薄暮金风绕庚楼,萧瑟只添愁。乱撩思绪,欲理更无头。几度离弦伤别,又近仲秋。

千山万水,一月三舟。明心逐影迁流。人各地,怎忘旧盟鸥。雪堂谁复惊梦,孤鹤是君不?

沁园春·忆雨中梁园

我来梁园,顿觉其林,溪山美哉!叹奇石峰转,冠绝百粤;鸂鶒酸枝,精胜梨檀。修竹碧荷,爱而不见,只缘莲雾红若梅。眺飞檐,陶砖雕似锦,惹看千回。

清霖涤我尘埃。嗟子鱊眼界今始开。透棂窗冰裂,细榕木棉;点滴芭蕉,翠掩苍苔。虹桥映润,画舫凭轩,满目青泓织雨来。君信我,越岭携禅城,莫恁徘徊。

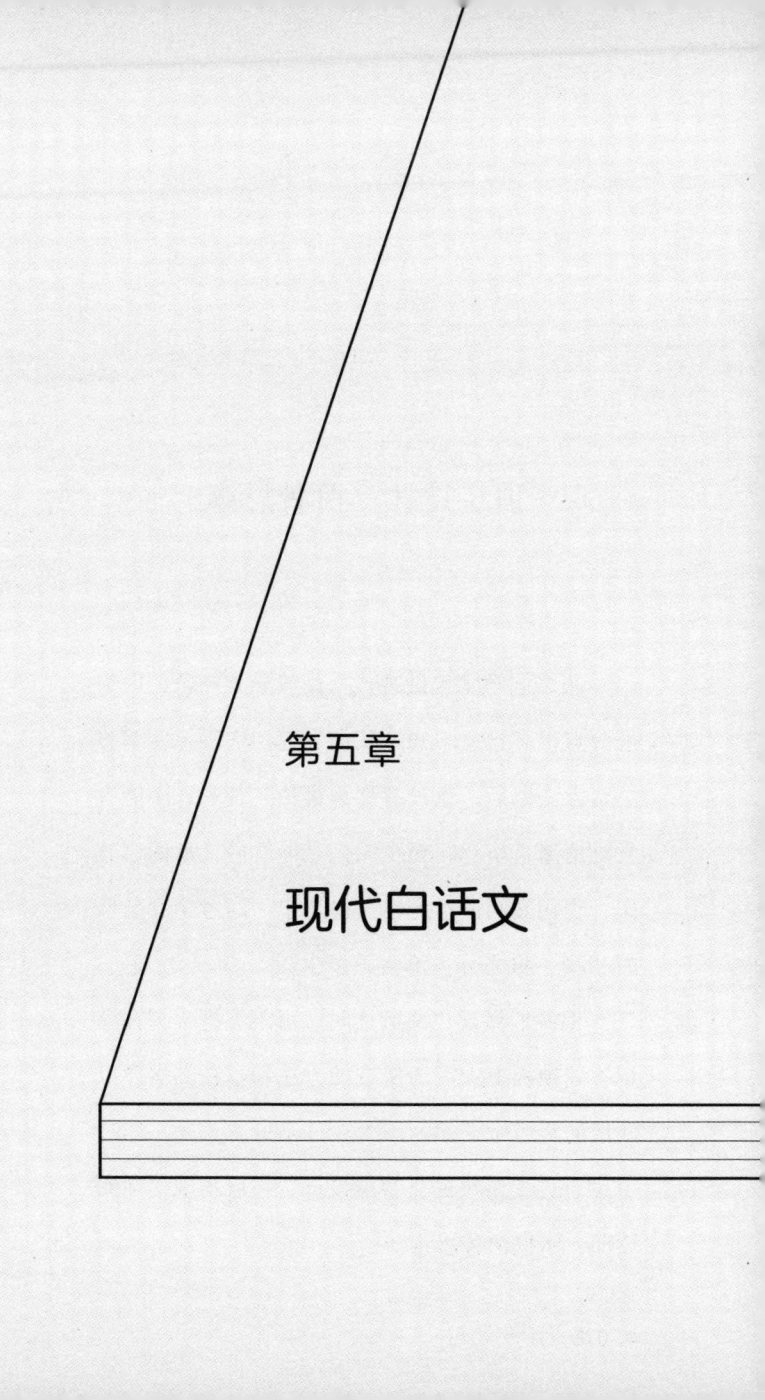

第五章

现代白话文

顶层设计：两种思维

很多同学觉得做现代文阅读异常痛苦，因为失分点很多且又不知道从何学起。实际上在掌握一定方法以后，也没有那么可怕。首先，不能有畏难情绪，毕竟，至少咱们是能看懂文章的；其次，现代文阅读本身也只占了中、高考全卷分值的 25%，再丢分也不会丢多少。

但我们做现代文阅读时，可不能把宝押在套用答题模板上，因为所有的方法和模板都需要以底层的实力做支撑。

首先要解决的是顶层设计，在启动现代文阅读前，掌握两种思维。

两种思维，一为作者思维，即我们在做现代文阅读时，不能只看情节、热闹，而是要弄懂作者想传达什么信息，表达什么情感、道理或者价值观。二是命题人思维，即我们在答题前要想明白命题人想通过这篇文章考查什么，再去答题就知道命题人想要的答案了。下面具体分析。

为何要具备作者思维呢？因为阅读的本质就在于读懂作者，厘清作者的写作目的、写作思路、期望表达的核心信息。那么，如何锻铸自己的"作者思维"，即洞悉作者的意图与思路呢？

第一，从细节入手，对关键词进行分析：

问：在《藤野先生》中，为什么鲁迅会对"日暮里"这个车站记忆深刻？

我们要抓住"日暮里"这个关键词背后的意象。

答：①日暮里，其意为"太阳落山之处"。

夕阳西下，黑夜袭来，使人有日暮途穷、悲凉无望之感。

②"日暮里"这三个字所透出的意象，恰好符合了青年鲁迅当时的心境——国家正处于衰亡分崩的穷途末路，而自己又救国无术、抑郁愤懑。

问：《鸿门宴》中刘邦到项羽帐中做客时，具体座次为："项王、项伯东向坐，亚父南向坐，沛公北向坐，张良西向侍。"这样详细地描写座次有何深意？

我们要分析"东向、北向、南向"这几个词背后的文化含义。

答：通过座次描写，司马迁期望向读者昭示：
①项羽骄狂自大，不把刘邦放在眼中；
②项羽识人不明，疏远谋主范增，却信任首鼠两端的项伯，而刘邦渡过此劫的机会正在项羽

与范增的隔阂之中。

第二,从文章展开的逻辑次序入手,进行结构分析。如:

问:《从百草园到三味书屋》中有这样一句话:"不必说碧绿的菜畦,光滑的石井栏,高大的皂荚树,紫红的桑椹;也不必说鸣蝉在树叶里长吟,肥胖的黄蜂伏在菜花上,轻捷的叫天子忽然从草间直窜向云霄里去了。"此句的描写妙在哪里?

注意分号,对比分析前后两个分句,前者静,后者动,前者重色彩,后者重拟人,前者由低到高,后者由高到低。

答:①运用动静结合的表现手法描写出百草园景致的丰富多彩;

②描写静态与动态景物时,使用了诸多描述色彩、形态的形容词和拟人的修辞格,使得百草园的景象生动形象,充满画面感;

③在描写顺序上,静态景物从低到高,动态景物由高至低,循序而述,结构井然。

问:《骆驼祥子》中,老舍怎样通过祥子的个人命运来映射时代的黑暗与悲哀?

长篇小说中祥子事迹很多,我们须观其走势之大端而非溺于细节故事。

答:①老舍通过祥子"三起三落"而最终一无所有的悲惨命运,深刻揭露了面对黑暗社会的压迫,仅凭个人奋斗无法改变命运的悲惨现实。

②而祥子的命运也绝不仅仅是个案或偶然,更是万千底层劳苦大众的一个缩影,以小见大地映射出那个时代无尽的黑暗、苦难与悲哀。

那为何要具备命题人思维呢？因为现代文阅读题的本质就是在充分读懂作者的基础上，用规范的答题形式和术语来精准地回答命题人提出的问题，获得分数。所以即使是选文的作者，如果答非所问，抑或答题形式与术语不够规范，也难得高分。所谓命题人思维，一般体现在四个方面：弘扬正能量，多元考查能力，注重逻辑思维，强调对汉语言文学学术语言的掌握。为此，我们首先要学会精准分析设问，如"赏析"即意味着欣赏＋分析，"评述"则意味着先叙述后评价。其次要学会运用规范的答题形式和术语，如：

这句话运用了比喻修辞格（可进一步精准为明喻、暗喻、借喻、较喻、博喻等），将……比作……生动形象地写出了……的……特点／状态／性质／道理等。

从命题人思维出发，进而细化为命题人要考

查我们的六种能力,即识记、理解、鉴赏、归纳、表达、探究;再进而通过试题的设问体现对这六种能力的考查——且听下回分解。

精研设问，条分缕析

上节说的六种能力，其实在课程标准和考试说明里是反复强调的。只不过大家没有在意，以至于学了多年的语文，甚至不知道语文到底要塑成和考查咱们什么能力，这不就是盲人骑瞎马嘛。

一般来说，识记能力的考查主要体现在古诗词默写，而现代文阅读主要考查其他五种能力。现在咱们来具体说说考试题型是怎么体现对六种能力的考查的。

一、识记

识别并记忆的能力,在现代文阅读里没有直接的题型。主要是间接考查,体现在两方面。

第一,能否看懂现代汉语常用字词短语。如果你连现代汉语常用字、词、短语都不认识,那文章可就看不懂了。就像做英语阅读一样,方法再多,结果自己的词汇量≤200,文章里的单词基本不认识,这不白搭嘛。

第二,是否能够记下来基础的文学理论和文化常识。如果文章中提到的文化常识以及作答中要写到的文学理论,你都不知道,那就很难理解作者的想法,且很难写出能够得分的答案了。

二、理解

理解比识记高一个层次,考查的是我们对重要词语、句子的理解能力。文章中的每句话,既要读懂它的字面意思,也要明白它的深层表达。

三、归纳

对归纳能力的考查分为三点:

第一,能够分析文章结构,把握文章思路。

第二,能够归纳出文章的内容要点,如背景环境、时间地点,捋清谁对谁做了什么事情,以及事件的原因、经过、结果。

第三,能够概括出文章的中心思想,即作者的态度、观点、情感。

四、鉴赏

对鉴赏能力的考查一般是在文学审美方面。鉴赏题一般包括,标题写得好不好?词、句、段的含义、风格、作用分别是什么?运用了什么表达技巧?文体好在什么地方?都用了哪些表达方式、表现手法?

五、表达

事实上,所有现代文阅读的主观题都在考查

表达能力。当然还有一些专门考查表达能力的，比如结合语境进行补写。

六、探究

探究题实际上没有标准答案，可以仁者见仁，智者见智，只要能对自己的观点进行逻辑严密、有理有据的自圆其说即可。

围绕对六种能力的考查，我们现在把现代文阅读的具体题型设问厘清一下。

现代文阅读一共有三种基本文体：说明文、议论文、记叙文。随着学段的提升，这三种文体本身会发生演变。前两者会合在一起成为信息类文本或非连续性文本，而后者则变为以小说散文为主要形式的文学类文本。但万变不离其宗，考查的题型是相似的，一共约 11 种类型，如下表：

文体		题目类型	能力维度
非连续性文本	实用类文本：应用文、说明文	1.客观：对概念的理解、特征等细节的陈述是否符合文义	理解
		2.主观：结合文、表、图概括内容要点	归纳、表达
		3.主观：结合上下文补写词句	归纳、表达
		4.主观：识别说明方法、顺序并评价其效果	鉴赏、表达
	论述类文本：议论文	5.主观：概括或补写论点、分论点及其逻辑	归纳、表达
		6.客观/主观：辨析论据与论点的对应关系，或补写论据	理解、表达
		7.主观：识别论证方法，评价其思路、效果	鉴赏、表达
文学类文本：散文、小说等记叙文		8.客观/主观：文章细节（环境、人物、事件等）	归纳、表达
		9.主观：结合全文，说说对某个概念、词语、说辞、动作、情感、思想、道理的理解	理解、表达
		10.主观：赏析某个词、句、段、修辞、表现手法以及标题的作用、效果、妙处	鉴赏、表达
		11.主观：概括文章结构线索主旨、人物形象性格、作者情感态度等，或辨析不同观点	归纳、探究、表达

我们在命题时，其实也会参考上面这个模

型。当大家把所有文体的命题题型及其相应的能力维度搞清楚了，再看文章，就会应对自如，即使不做题，按照命题思路想一想，也相当于给大脑做了一个思维体操。

所以现代文阅读的学习，有时候真不一定非得靠海量刷题，不知道命题人在想什么，刷再多的题也是很低效的；相反，如果洞悉了命题思路和模型，在生活中随意拿起一篇新闻报道或者杂志文章读一读，按设问去思考一下，就会获得很多真知灼见，作答能力也会在无形中提升。

庖丁解牛：要素提炼式精读法

庖丁解牛，目无全牛。我们肉眼凡胎看到的牛是一个完整的"牛体"，而庖丁看见的是什么呢？西冷、肉眼、小排、牛舌、战斧、百叶……把牛都拆解成各种各样的食材了。我们看文章时，也要像庖丁一样，把文章拆解成要素，而不是只看故事情节的乐子或陪着主人公掉眼泪。

为此，我们一定要带着问题看文章。如果觉得上一讲的问题太复杂了，那咱们可以先从一些简单通俗的问题入手，从文章中提取出一些关键要素来。

首先，得知道文章的：

文体是什么；

作者是谁，身处什么样的时代；

这个时代可能带给他怎样的环境、立场与思想。

进入正文之后，你要看一下：

文中故事的背景、时间、地点、环境；

事件的起因，这个原因又要分为主观的动机和客观的条件；

故事的主角、配角都有谁，人物关系是怎样的；

每一个关键人物的性格、优缺点、情感态度分别如何；

再往下，主人公出于什么动机，用什么方法做的这件事；

事件的经过和结果是什么；

事件的结果又产生了哪些影响，积极的、消极的；

整个事件又带给了我们哪些经验教训或道理。

如果是用庖丁解牛的方式来读记叙文这一文学类文体，到这种程度就可以了。我们不需要把描述性的语言和修辞手法都给提炼出来，只要先把这个故事捋顺，抓住文章主干即可。

议论文这一论述类文体与记叙文差不多，只是记叙文围绕人说故事，而议论文意在阐明一个道理或观点。我们要明白一篇议论文的：

主论点是什么？

分论点又是什么？

分论点之间的逻辑关系是什么？

分别用哪些论据来论证其各个分论点？

论证方法又是什么？

说明文这一实用类文本就更简单了。如果是一篇讲述器物的说明文，需要知道：

创造/发明者是谁？

在怎样的时间、地点、条件、环境下,用什么方法、原理、材料创作出来的?

器物的外观形态如何?有哪些功能?

其优点有何意义?又有什么瓶颈或不足?

所以这三种文体,记叙文围绕人和事,议论文围绕一个理儿,说明文则是介绍说明一个器物或技术。每次阅读时,都把这些核心要素提炼出来,正如同庖丁把牛解析成牛排、牛肚、牛尾、牛腩、牛腱子一样。

我们也可以自己做个阅读训练,拿到文章,在阅读之前,先把以上关键要素的类目都列到一张纸上,然后对照着去看、去找、归纳写出。几次之后就会自然而然地记住这些要素,再拿到同类文章后,就不需要借助那张列明要素类目的纸了,直接在文章上勾画标注即可。而这些勾画标注便是你对文章精华的萃取,更是你解答试卷上题目的素材。

答案撰写有"套路"：逻辑与措辞

很多同学特别怕主观题，因为难度"高"，经常会出现答不到"点"上的问题。我研究发现，答不到"点"上有很大一部分原因是作答话术有问题。这节给大家提供一些答案撰写的方法，作为一个参考。

第一，要注意答案撰写的逻辑。

首先，答案必须要点化，写答案要分层。

切记不要把现代文阅读的答案写成一大段话，因为阅卷老师在批卷时很难于短时间内从一大段话里找到得分点、关键词。如果字再丑点儿、乱点儿，那阅卷老师就更不愿意帮你梳理这一团乱麻了。所以我们要自己把答案的逻辑结构用标注要点的方式给列清楚，让阅卷老师一目了然，让得分点、关键词直击他的眼球。

其次，言必有据。

现代文阅读作答中的观点，一定要把原文中相关的证据写出来，比如题目让我们说一下人物性格特点，就不能只说性格特点，还要说这个人做了什么事情可以看出他的性格是怎样的。又如题目问文中的某处修辞起到什么作用，就不能光答这几点作用，还要把相关原文写出来并略做解读。如此阅卷老师才能够看到我们的自圆其说，才能给出高分。例如：

老胡这一形象具有怎样的特点？请结合文本一简要分析。

答：①机智聪睿，粗中有细。从大量的语言描写中可以看出，开始老胡并没有直接告诉另外两人要做什么，手术中也是说完软话说硬话，体现了他机智聪睿、粗中有细的特点。

②刚毅艰卓的革命意志。通过神态描写、细节描写等手法，展现了老胡在恶劣的战争环境和极差的医疗条件下顽强挺过手术的过程，彰显出他刚毅艰卓的革命意志。

③果断勇敢。面对自己的伤势老胡果断让战友"手术"，"我"和林大富的犹豫、不敢也反衬出老胡内心的果决强大。

④平凡真实。"手术"完成后的一句"痛——啊"，体现了革命英雄有血有肉、平凡真实的一面，真切感人。

第二，措辞也很重要。

首先，不要简单地抄原文。

在引用原文时，最好能用自己的话改写或缩写一下。直接抄原文的行为不一定会扣分，但阅卷老师肯定会对我们的理解与表述能力打一个问号，他会认为我们并没有把文章吃透。即使一定要引用原文来完成鉴赏,也可以在措辞上换一种句式,如把"被动句"换成"把字句",就会彰显出不同的效果。

其次,多用语文学科的术语。

我们答题时不要用太多大白话,比如在说修辞的时候,不要用"打比方"来代替"比喻"。打比方是说明文里的一种说明方法,用到修辞里就会显得很外行。各学科都有自己的词语术语,每个作家诗人的语言特色也有公认的判词。我们在作答时,一定要用相对学术的、约定俗成的词,一方面更精准,另一方面也会让阅卷人认为你有积累。大家平时可以抽空看一些语言文学理论的书,把里面的关键词和经典句运用到自己的试卷上。如:

陶渊明的质朴率真,白居易的通俗写实,李白的豪迈飘逸,杜甫的沉郁顿挫;

王昌龄的雄健高昂,李商隐的朦胧隐晦,杜

牧的清健俊爽，王维的诗中有禅；

辛弃疾的雄浑悲壮，李清照的清婉秀丽，苏轼的豪放旷达，柳永的婉约缠绵；

魏武帝的慷慨悲凉，李后主的哀婉绵丽，陆游的豪迈悲凉，姜夔的清空骚雅。

再次，尽量多列几点。

答题时，能多写就多写，因为语文判卷有一定的模糊性，多写一点，可能就会多得一分印象分；多列几点，料敌从宽，或许答案有三点，恰恰我们写的第五点踩中了。如：

老董的匠人精神主要体现在哪些方面？请结合本文简要分析。

参考答案：

①坚持行业规矩。不忘"不遇良工，宁存故物"的古训，为此甚至跟权威叫板。

②恪守职业操守。敬畏与热爱自己的职业，

为了一本书,即使再次失去工作,也认为"值得"。

③修书精益求精。为染蓝绢不断试验,最终完成修复工作。

宋老师初次作答:

①恪守职业操守。不忘"不遇良工,宁存故物"的古训,为此甚至跟权威叫板。

②敬畏、热爱自己的事业。敢于为事业奉献、牺牲,即使再次失去工作,也认为"值得"。

③修书精益求精。为染蓝绢不断试验,最终完成修复工作。

④高风亮节,不慕荣利。蓝绢成功染出后,拒绝了图书馆的诸多好意,"还是原来那样吧",不肯将传统技艺当作博取名利的手段。

⑤坚守、执着。采集橡碗时老董陷入回忆,说明他数十年如一日地坚持修书事业,至少三十年。

其实现代文阅读判卷并没有大家想象的那么严苛或曰"死心眼"。从阅卷的角度来说,得分点设置得比较宽泛。宋老师曾参与撰写标准答案，往往会给出三到四个得分点。因此，只要在大方向不错的情况下多列多写，都会给分，实际上大部分人在中、高考时的现代文阅读得分会比平时高一点。

阅读练习文本的选择与使用

现代文阅读选怎样的练习册或者辅导书比较好呢?宋老师有三点建议。

第一,真题为王。

真题是最像真题的。把历年真题与答案研究透了,就能明显感觉到自己的提升。真题的选文方向、设问和参考答案实际上也体现着命题人的思路。如果你的作答与参考答案差得比较大,那不妨把一些参考答案中的经典句子背下来。以后作答时模仿它写。

大家可能会说,真题太少了,不够做。此言差矣,20世纪的真题或许过时了,暂且搁下不论;

21世纪这二十多年来,每年至少几份高考真题卷、近百份中考真题卷,乘下来上百、上千,一周做一份,两三年都做不完,怎么会不够呢?

大家又可能会说,真题虽然多,但绝大部分不是我所在的省份或地市用的。此言又差矣,高考全国卷,无论之前的甲、乙、丙,还是现在的新课标 I、II,都是一个专家组命制的,难度与试卷结构稍有差异而已;至于中考,各地的考题经常抄来改去,题型基本一致,只不过总分与分值权重略有不同。更何况,中小学语文早已实现了统一课程标准下的统一教材,是真正的全国一盘棋,各地试卷是完全可以通用的。

第二,分段练习。

在学现代文的起始阶段,可以按照句、段、篇的顺序去攻克。首先从句子阅读起步,画句子成分、缩写、改写、扩写、找出其写作手法和语言风格,如果说连搞明白一句话都成问题,那么对整篇文章的理解必然漏洞百出。做到对句子的无障碍理解、归纳、鉴赏后,再进行段的阅读、篇的阅读,循序渐进。

第三,选择按照设问编排且有详解的辅导书籍。

按题型设问编排的辅导书籍,会针对我们前面说的 11 种设问做专项讲解和练习。这样我们的练习会更透彻一点,更直接指向中高考实战。一种题型反复做,在一个时间阶段内聚焦、突破,更有利于我们能力的提升。比如真题,就尽量选按文本类型(问题)—题型—设问层层排布的真题汇编,而非按年的整套卷子,效果会更好。

没有对题型、设问、答案、专题知识的详细分析解读,只有题干和答案,那本质上就是从网上下载了点儿题复印出来而已。这种书,我们在没有老师的情况下无法用它开展自学,形同废纸,尽量规避之。

第六章

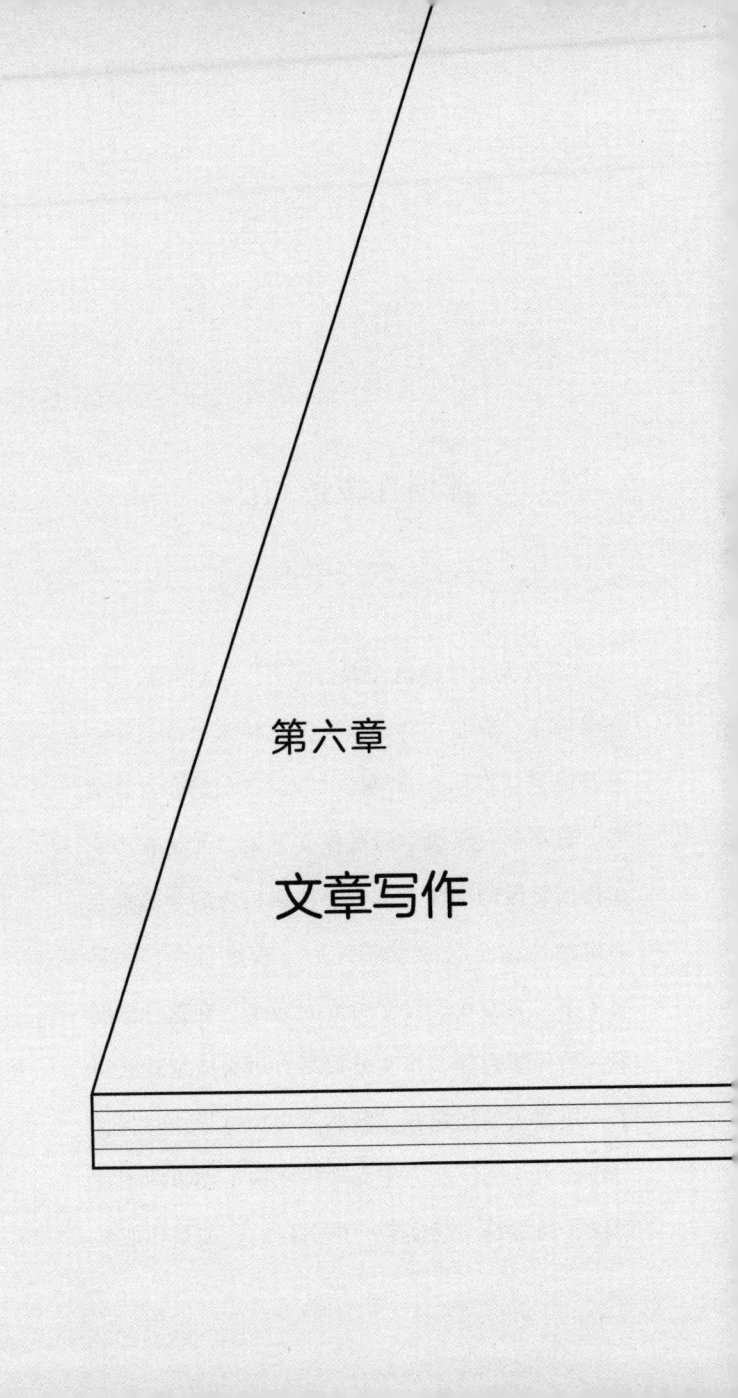

文章写作

多词连缀造句法

常有人说"得语文者得天下",这句话其实有些夸张,只是在特定情况下对特定人群适用;但若说到"得作文者得语文",我却是非常赞成的。自小学三年级学习写作文开始,无论在小初高任何阶段的语文考试中,作文板块的分值都会稳定地占据全卷的 40% 左右,权重最大,远远高于第二大板块现代文阅读的 25%。在这种情况下,写作能力强,作文分数高,语文成绩就获得了一块强大的压舱石,断然不会掉链子。并且,写作能力与阅读能力作为现代文这个硬币的正反两面,通常是一荣俱荣一损俱损的。如果你能够娴熟地构建篇章、驾驭文辞，对他人文章的解构领悟自然也会更加深入细致，作答表述自然也会更加精确通顺，现代文阅读分数自然水涨船高。占据全卷65%分值的两大板块攻克了，语文成绩还会差吗？因此，文章写作可以说是整个语文学习中的制高点，拿下它，便可以"会当凌绝顶，一览众山小"。

重要如斯，但在实际操作中，作文却是困扰许多同学的"慢性病"。所谓中学生"一怕写作文，二怕文言文，三怕周树人"中，它也荣膺三大痼疾之首，甚至在不得要领、久"病"成灾的情况下，不少同学干脆放弃了"治疗"，于文章写作的学习和练习上彻底"躺平"。有鉴于此，宋老师决定不惜笔墨，在本章多说几句，教授大家一些构筑强大写作能力的心法，好风凭借力，送你上青云。

如果问大家：构成文章的最基本单位是什么？字？词？短语？句？段？你不会告诉我是笔

画吧？开个玩笑。答案当然是句子。很多短小精悍的文章也就是一两句话，比如前几年大火的辞职书：

世界这么大，我想去看看。

再如旧时的电报文：

母病速归。

又如号称世界上最短的科幻小说《最后一个人》：

地球上最后一个人独自坐在房间里，这时，忽然响起了敲门声。

因此，当我们准备提笔撰写一篇优秀的作文之前，首先得先把句子写好。这也是小学中低年级的语文教学中非常重视造句训练的原因之一。造句，不仅仅为了熟悉新学的词语，更可以锻炼基础的表达能力和联想能力，为缔造篇章夯实根基。所以呢，今天宋老师传授给诸君的第一个写作练习方法就是造句法。

说到这儿，大家可能会哑然失笑，侬说啥？造句——没有搞错吧！别慌，造句也是分层级的。通常我们练习的造句是所谓的"单向度造句"，即"请用××（词）造一个句子"。如分别用"废寝忘食"和"掣肘"：

为了期末考试拿下全班第一名，这两个月小胖废寝忘食地学习，日渐消瘦。

假如掣肘这个词你不知道什么意思，当然也有造句的办法：

小胖翻烂了字典也没查到"掣肘"这个词。

但今天我们要讲的并非这种基础性的"单向度造句",而是"多词连缀造句",也就是给你不少于3个意思不搭界的词,把它们融入一个意思合乎逻辑、语法准确无误的句子或语段中。这就要考验我等的想象力和语言表达功底了,简直有点儿像"胡诌瞎编"出一个小故事。我们先用虽然、火苗、扑这三个词试试吧。

火苗越蹿越高,眼看整个厨房就要被吞噬了。形势紧迫,虽然危险万分,但小胖还是毅然地拎着半桶水扑了上去。

再换一组,这次名词、动词、形容词各一:月亮、塞、肥沃。

为了将月亮上贫瘠的土地改造成肥沃的良田,以便安置地球上日益过剩的人口,小胖发明了一种星际巨炮,一次可以塞进去五十个人,然后将他们飞速而安全地发射到月球上。

宜将剩勇追穷寇,再练一发,还是名词、动词、形容词各一:东坡肘子、掣肘、废寝忘食。

为了期末考试拿下全班第一名,这两个月小胖废寝忘食地复习。然而每天都要到妈妈的熟食店里帮忙叫卖东坡肘子,导致复习计划备受掣肘。

且同样三个词,每个人写出来的内容很可能是大相径庭的,就像同一个题目下不同人写出的作文一样:

小胖每天都在废寝忘食地钻研怎样将东坡肘子烧得更香,但是家里燃气灶时不时就坏,极大地掣肘了他的工作。

怎么样,看看宋老师所举上例,是不是个个

儿脑洞大开,如同在撰写小故事、小作文了呢?因为所选这几个词的意思并无直接联系,所以把它们串联起来就要动动脑筋设置一些场景和情节,而当人物、环境、故事情节都具备的时候,一篇小小说不就应运而生了嘛!

  所以,当你开启自己的写作征程之前,抑或为自己无力构思文章而愁肠百结之时,不妨先从"多词连缀造句法"开始练起:每天拿出一本字典,随机翻到任意三页,然后将每页第一个映入眼帘的词(最好词性有分别)连缀成意思合乎逻辑、语法准确无误的一句/段话,并书写出来。朗读一下,如果通顺的话,就再从用词和修辞格上加以润色,使之更有文采。坚持一个月,你的写作能力一定会大有长进。

发散式扩写法

初习作文,面对题目中"不少于400/600/800字"的要求,同学诸君可能非常不爽:一个两三字的蠢题目,一件三句话就能说完的小破事儿,动辄让我写个大几百字,哪那么多屁话可说?我很理解,因为我小时候经常做此想法并痛恨老师。然而,言简意赅会让读者不明就里,毫无乐趣,更无从体察你内心真实的感受与深刻的思想。比如小朋友们都爱看《西游记》《水浒传》《三国演义》,但假若这几本书只是言简意赅地告诉你:"唐僧师徒四人历经八十一难最终取得真经修成正果""宋江等一百零八位绿林好汉聚义水泊梁山替天行道却最终被朝廷所瓦解""魏蜀吴在东汉末年天下大乱之时鼎足三分最终一统于晋",这种表述虽然客观但无比苍白,我们还能有读书的乐趣吗?因此,写作文,就是要学会把简单到可以"一言以蔽之"的物、事、人、景、情、理写详写细,才能让读者或者阅卷人感同我身、心同此理并给出高分。

所以呢,在学习写作的起步阶段,一定要先学会扩写,也就是从文字上化简为繁的功夫。练习之道,仍同上节之理——文由句始,就先从添枝加叶地扩句成段开始——段已扩毕,整篇还会远吗?

那么怎么扩呢?首先通读句子,寻找其中的留白之处,即没有具体说清楚的地方,然后发散想象,把这些留白之处给补充丰富起来。通常来说,要增补的无非两大方面:其一,在中心语之外增加描述性的语言,如形容词、副词、修辞格等;其二,在事件过程主体之外增加环境、情节和人物描写,如时间、地点、天气、原因、动机、条件、方式、结果、人物形象与心理等。比如，我们试着来扩写这段话：

新班主任会给每周最遵守纪律的同学发一枚她自己收藏的古代或外国硬币，作为奖励。半个学期后，我们班风气大变、欣欣向荣。

分析一下，都可以从哪些维度来扩呢？也就是找到这句话中没有详细点明的"留白"之处：

①新班主任是谁？他为什么来接手我们班？
②新班主任是在什么时候来我们班的？
③新班主任为何要发硬币作为奖励？
④所谓"最遵守纪律的同学"是怎么界定的？老师自己说了算，还是大家评议？
⑤作为事件结果的"半学期后，我们班风气大变、欣欣向荣，这个说法比较虚，都有哪些具体表现？

然后就以上几点留白发挥想象、大胆增补：

整个四年级，我们班每天都乱得像一锅粥，成绩也稳健地盘踞着全年级倒数第一的位置。（原因）‖五年级刚开始（时间），校长就给我们安排了新班主任吴老师（人物）。‖吴老师在班会上跟大家讲，严格的纪律和良好的秩序是学习的基础，于是重新制定了班规，每周大家投票评选出全班最遵守纪律的同学（产生方式）。作为奖励，吴老师会颁发给他一枚精美的古代或外国硬币。‖这样半个学期后，班里人人争先，纪律越来越好，成绩也随之提升了（结果的具体表现），整个班级呈现出了欣欣向荣的新气象。

如此扩写之后，一句话几乎就变成了一篇小作文，吴老师妙手回春整顿班级的形象也跃然纸上。

我们再来练一则，就用上节多词连缀成句的

一句话：

为了期末考试拿下全班第一名，这两个月小胖废寝忘食地复习。然而每天都要到妈妈的熟食店里帮忙叫卖东坡肘子，导致复习计划备受掣肘。

这句话的留白之处，在于：

①小胖为什么非要努力拿下全班第一名？有什么背景前情或者心理铺垫？

②"废寝忘食地复习"，具体有什么表现？

③妈妈为什么要让小胖去店里帮忙？没有员工吗？

④帮妈妈干活从哪些具体方面耽误了小胖的复习计划？时间？体力？情绪？

⑤复习计划备受掣肘之后小胖的对策是什么？放弃？还是想办法解决？而最终考试的结果又如何？

就如上几点我们可以稍加扩写如下：

上学期期末考试，因为语文成绩拖了后腿，导致小胖与全班第一名失之交臂。这学期，小胖决定一雪前耻，每天都废寝忘食地读书、背诵、写作。然而，妈妈的熟食店缺乏人手，所以他每天放学后还要去帮忙叫卖东坡肘子两三个小时。这不仅耽误了学习时间，回到家中也会因为疲乏而难以聚精会神，使得冲刺计划备受掣肘。但顽强的小胖没有被困难征服，晚上太累不能熬夜学习的话，他就在清晨早起一个半小时，并榨取所有课间的空隙，补上损失的学习时间。功夫不负有心人，经过一个学期的拼搏，期末考试中小胖终于斩获了全班第一的宝座，以自己的汗水和智慧为大家做出了表率。

扩写完后的段落已经达到了260字，如果再加上另一件事迹，就可以支撑起一篇小胖同学的小传了。你看，学会了扩句成段的发散式扩写法，写一篇洋洋洒洒大几百字的作文，夫复何难？

扩张式译写法

对于二三年级的小学生,刚刚开始学习写作文,经常会遇到的一个问题就是不知道该写什么,愁肠满肚、搜肠刮肚也无从下笔。这个时候,如果家长和老师只是简单地加以训斥而不给予引导的话,就会让学生产生对写作极大的抵触心和畏难情绪,贻害深远。分析原因的话,低年级小学生对于生活的观察是比较粗浅的、非自觉的,而通过阅读积累的素材更是少之又少,自然会出现"无话可说"的现象。

既如此,我们不妨给学生提供一个文章素材的框架,让他们以此为基础改写、扩写,添枝加叶,连缀成文——古诗就是最好的抓手。很多小学生在入学之前就已经可以背诵数十首唐宋律绝，而小学教材中的古诗更是多达百首以上，以此为素材，让学生将其翻译为规范的现代汉语，然后发挥想象，补充诗句中没有明确提及的信息点，完善整个故事的叙事，于是一篇小作文习作就诞生了。更完美的是，它解决了小学生提笔犯愁、"无话可说"的困境，能够为初学写作时的练笔提供一根步履蹒跚时的拐杖，何乐而不为呢？

比如对于二年级学生来说，可以从扩张式地翻译李白的《静夜思》开始练起，基本的时间、地点、人物、主干情节已经具备了，需要发挥联想加以扩充的是：

①李白所思何物？父母？伙伴？青梅竹马的恋人？家乡的山川景致、风俗美食？家中的田园、房舍、陈设？乡里生活的安逸闲适？还有他曾经豢养的宠物？

②思乡之后又作何定夺？是放下功名之心，毅然回到故园去仿效陶渊明做个归隐林泉的高士？还是痛定思痛，依然坚守着"男儿立志出乡关，学不成名誓不还。埋骨何须桑梓地，人生无处不青山"的理想，继续为天下苍生的福祉而奔波发愤？

以上两点如果补充得好，叙事、议论就都有了，文章的肉和魂也就丰满了，加上原诗提供的内容框架作骨，一篇完满的小作文便应运而生！

以此为例，如果能将学到、背过的古诗都做一番扩张式的译写，得以锻炼的就绝不仅仅是文章写作的能力，更会让学生对古诗所关涉的作者、时代、名物、思想、情感、意境有更深刻的把握，对于阅读鉴赏水平也能起到连带提升的作用，收一箭双雕之效。

每一位翻译家其实都是从事着文学再创作的作家，学习写作，就从做个小小文白翻译家开始吧！

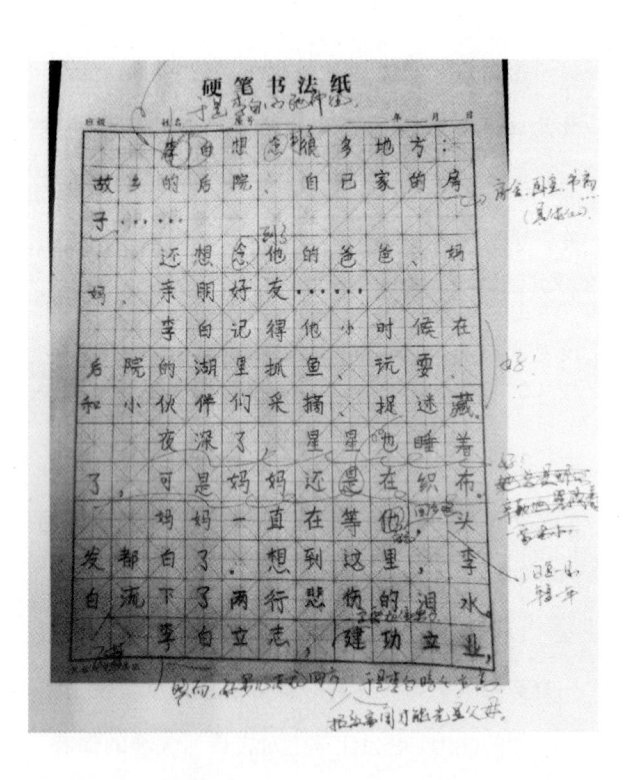

一名二年级小学生在宋老师指导下对《静夜思》的扩写（节录），这是其第二稿原文与宋老师的批改

篡改式抄写法

晚明大儒顾炎武曾说过：著书不如抄书。意即抄写多了之后，自然会有海量的知识储备与深刻的心得体会。因此，我们这一节训练写作的方法就叫篡改式抄写法。

第一步，如果同学现在年级比较低，阅历较浅或者生活比较平淡，平时没什么可写的东西（素材），那就准备一个精美的周记本，把自己喜欢的文章或经典文章里的选段、诗词、名句摘抄到周记本上。虽然摘抄的东西不是我们自己写的，但是抄下来之后呢，或者说在摘抄的过程中和日后翻看的过程中，可能就习得了一些篇章布局的方法或精妙锦绣的词句。

第二步，在摘抄过程中，发现文章中有一些写得不如己意的地方，咱们不妨大胆地改一改。改的过程，实际上就是一种思考与再创造的过程，也许咱们改的效果会比原文更好。

实际上，在编写教材过程中，有的课文也把原著给改了。比如说都德的《最后一课》，原文最后：

"法兰西万岁！"

写完，他仍站在那里，头靠着墙壁，不说话，用手向我们表示："课上完了，去吧。"

但是我们的人教版七年级下册的课文把结尾改成了：

"法兰西万岁！"

然后他待在那儿，头靠着墙壁，话也不说，只向我们做了一个手势："放学了，——你们走吧。"

我们发现，这部分改完之后比都德原文写得更生动。

改后版把"写完"这个冗余的动作去掉了，"待在那儿"比"站在那里"更显出了老师的黯然伤神；把原来的"头靠着墙壁不说话"改作"头靠着墙壁，话也不说"，这个"也"字，将老师的身心俱疲几乎透支以递进的形式表达出来；把"用手向我们表示"改作"只向我们做了一个手势"，这个"只"字，更强烈地彰显出了老师的疲惫感、憔悴感；最后，把"课上完了，去吧"改作"放学了，——你们走吧"，这个破折号简直传神得让我们仿佛看到了老师是哽咽着说出这句话的，借此将浓烈的悲情渲染出来。

虽然说改动后似乎不忠于译作原文了，但改后的版本更好地表达出了都德想要描述的思想和情感，是极为成功的。

这种篡改式抄写法，坚持下去，真的会让我们的文笔日渐老练传神，诸君不妨一试。

创造式改写法

　　创造式改写法跟篡改式抄写法比较接近。篡改式抄写是小修小补，终究还是别人的文章；而创造式改写则是对名家的文章或选段进行大刀阔斧地修改，从自己的感情、思想、生活经验出发，留住范文的框架结构，替换其中的时、地、人、情节、措辞，写出自己的主题。

　　宋老师三年级时突然萌发了一股创作诗歌的意愿，但是我不会写，就套改别人的诗。我清晰地记得，套改过北宋名臣王安石的《梅》，原诗为：

　　墙角数枝梅，凌寒独自开。

遥知不是雪,为有暗香来。

我改作:

墙角数只蚊,饱血独自嗨。
沉醉白日梦,看我熊掌来!

这就是创造式改写,保留名文或其选段的结构体式与部分措辞,创作属于自己的另外一个故事。再如入选初中教材的郁达夫先生的《故都的秋》,其末尾两段原文是:

南国之秋,当然也是有它的特异的地方的,比如廿四桥的明月,钱塘江的秋潮,普陀山的凉雾,荔枝湾的残荷等等,可是色彩不浓,回味不永。比起北国的秋来,正像是黄酒之与白干,稀饭之与馍馍,鲈鱼之与大蟹,黄犬之与骆驼。

秋天,这北国的秋天,若留得住的话,我愿

把寿命的三分之二折去,换得一个三分之一的零头。

我的一个学生就大胆跳脱地套改为:

欧罗巴的景致,当然有它卓尔不群的地方,比如卢浮宫的精致,大本钟的优雅,勃兰登堡门的威武,罗马斗兽场的壮观,然而隔阂于文化,赞叹之余却总是难以亲近。比起中国的景致,正如同咖啡之与茶叶,奶酪之与腐乳,面包之与炒饭,烤牛排之与红烧肉。

祖国,我魂牵梦绕的祖国,倘若可以早一天重回你的怀抱,我宁愿将寿命的三分之一折去,只求做你江河湖海中的一朵碧浪清波。

我觉得他改得好极了,从修辞到立意,丝毫不逊色于我所崇敬的达夫先生。如果作为一篇旅欧游记的结尾,我愿意仅凭此就给他满分。

自由式海写法

为什么很多同学不喜欢写作文呢？因为作文太中规中矩了，主题很枯燥，似乎与生活或自己的兴趣爱好全然不搭界。所以呢，为了激发大家的写作兴趣，尽可能地练笔，我通常会鼓励同学们"自由式海写"——只要愿意动笔，写什么都可以。天马行空，写你感兴趣的、最擅长的、爱的、恨的，哪怕离题万里也无妨。

如果你喜欢谁，可以写一封感情丰沛的情书。

如果你讨厌谁，可以写一封口诛笔伐的檄文，罗列其"N大罪"。

如果你对某一题材感兴趣，可以写关于这个

题材的系列文字。

如果你觉得某本书、某个人或者宋老师讲得"狗屁不是",可以挑出问题,逐个儿驳斥。

如果你恰好有些兴趣爱好,就大可围绕着它去写。人往往对自己感兴趣的东西体察会比较深,继而可以注意到很多细节。比如喜欢养猫、狗,就不妨写一篇猫、狗的成长日记;如果喜欢某个体育项目,就不妨围绕它写一篇运动成长日记。

自由式海写法有两种呈现形式。

第一种是把这些文字融入日记中。但不要被标准化日记的形式框住,不必非得写几月几日,阴晴雨雪,亦不必像完成任务一样每天都写。只是用日记本作为载体而已。

第二种是注册一个网络账号,比如微博、贴吧、知乎等,这种形式更自由,本质上就是把网络平台当作自己的"云日记本"了。我们可以发挥对新闻事件的看法,也可以抒发对喜欢明星的情愫。如果现代的事情觉得无趣了,也可以充分发挥想象，写穿越文，穿越到过去某个时代与某个名人做朋友，或穿越到未来、星际乃至想象中的平行空间……在这种天马行空的写作过程中，素材得以积累，文笔得以提炼。

中考记叙文写作的有些命题，就是在考查同学们的想象力，所以大家平时写作练习不必盲目自我设限，作茧自缚，天花板高一点，脑洞大一点，天生我也，挥笔写来！

管窥评分，蠡测阅卷

前面六节，主要针对初学写作的小学生，而对于初、高中同学，要求就不仅仅是鼓励动笔了，而是要知道中、高考对于写作的要求是什么。

中考试卷比较多，全国各省，甚至每个省内各地市都单独命题；高考除京津沪三直辖市单独命题外，其他各省逐渐归并到新课标Ⅰ、Ⅱ卷。但无论中考抑或高考，无论全国卷抑或省市自命题，作文在中、高考语文试卷中都占约40%的分数（上海会更高一些）。评分一般分为四个档，考查依据分为四大板块，以新课标Ⅰ卷的60分制作文题为例。

第一板块，内容项，20分。

首先考查是否跑题，其次看行文中心是否突出、内容是否充实，最后看思想是否健康、情感是否真挚。

内容项是最重要的，虽然在60分里只占20分，但它直接决定了一篇文章的整体档次，表达项原则上是不能跨越内容项的档次给分的，即如果内容项判为三档（10~6分），则后面的表达项和发展项也最多不得超过二档（15~11分）。也就是说，如果内容写疵了，文采再精妙绝伦，作文总分也不会太高。这就要求我们把不跑题作为写作的第一要义。

第二板块，表达项，20分。

主要考查语言文字的驾驭能力，即文采，具体来说，看结构是否严谨、语言是否流畅、字迹是否工整。

第三板块，发展项，20分。

这个板块重点考查的是文章中有没有闪光

点，如立意深刻而新颖、素材丰富而贴切、文采卓尔不群、文体或结构有所创新等。这部分能否得高分就看作文中有没有特别打动阅卷人的地方了。假如你文章中情感充沛，让他感动得老泪纵横，或者你的用词很出众，整篇文章不经意间用到了20多个成语，又或者你的立意观点与普罗大众不一样、有新意，等等。

如2022年高考语文浙江卷的作文，其核心关键词是"青年＋创新"。大多数考生写的是"为什么创新很重要"，而有人则另辟蹊径，围绕着"青年如何实现创新"来设置分论点，这样的立论就不落窠臼，明显超越了大多数竞争对手，发展分就很容易高企。

除了立意，凭着文采修辞也可以拿到发展项的高分。如2001年高考"神作"《赤兔之死》，通篇行文用文言文（一说为古白话），阅卷人的第一感受就是这个考生的文言文功底太强悍了，古代文学文化储备太厚实了，发展分就得到了。

当然,并不是我们都得用文言文写作文,文采修辞创新的方式途径很多。比如现在每年都有年度十大流行语、锐词的评选,如果我们的作文里能够活用一些(如精神内耗、雪糕刺客、嘴替、孔乙己的长衫、特种兵式旅游等),也会让阅卷人眼前一亮,觉得有新意,觉得你很接地气,有创造精神和与时俱进的精神。

第四板块,形式与细节。这部分包括:

1.标题

(1)标题出彩可加1~2分;

(2)标题太差可扣1~2分;

(3)无标题者,扣2分。

2.篇幅

(1)400字以上者,按正常标准评分,每少50字扣1分;

(2)400字以下者,得分不超过20;

（3）200字以下者，得分不超过10；

（4）只写一两句话者，给1~2分；

（5）只写标题者，给1~2分；

（6）完全空白者，得0分。

3.字迹

好字加1~2分，烂字扣1~2分。

4.错别字与标点符号

（1）出现错别字（或低俗词语、非必要的外语词语），1个扣1分，重复不计，扣完5分为止；

（2）标点符号每出现3处错误扣1分，扣完3分为止。

虽然每项都看似毛毛雨，但积少成多，对总分数的杀伤力还是很大的，切不可等闲视之。

审题路径全攻略

小学和初中的作文题目比较接近,主打记叙文,以命题作文为主要形式。通常的命题方法是,先给你加一段引子,然后给出完整命题或者半命题,很少有自命题。

那么我们该如何审题呢?

第一,短语或者语句型的题目,抓住它的关键词,分析它的语法成分。

比如有个题目叫"诗意的生活"。关键词就在"诗意",诗意是唯美的,所以你就不能写生活中非常痛苦、悲伤、悔恨的事情,一定要写生活中美的地方。

再比如"亲情的力量"。关键词是亲情和力量。首先,我们就不能写朋友或者老师,一定要写家人;其次,力量是给人一种支撑、实现我们由弱变强的正向能量,就不能写家庭关系中的负面因素。

第二,独词类题目。就是只给出一个词,没有主谓宾结构。

比如说"梦"。如果展开写,可写东西就太多了。所以一般来说,我们要给它添加限定,把它的范围由大变小。谁的梦,什么时候的梦?苦大仇深的噩梦还是昂扬向上的美梦、梦想?如此就能具体化了。

第三,意象类题目。面对这种题目,我们要深入地理解这个词表象背后的深意。比如"脚印",这里想表达的肯定不是真实的脚印,而是人生中一些关键的时刻——某一次考试,某一个特殊的比赛,某一段值得铭记的经历等。

再比如"春风",不一定是指春天的风,而

更可能是指亲人、老师对我们的爱;"高山",也不一定是指海拔高的山峰,更可能是指高山仰止的师长、圣贤。

接下来再说高中作文的审题。

高考作文的命题主打一个反套路化,大约三年一变,从最早的命题作文一路走来,半命题作文、话题作文、漫画作文、材料作文、任务驱动型作文、情景式作文,直到二元三元思辨型作文。因此,其审题也没有一定之规。比如2023年之前的几年,题干分为楷体字的材料、宋体字的命题人解读、宋体字的要求三部分。审题的重点就在命题人解读那一段,因为很可能关键词就给提炼好了出现在里面。如2022年新课标Ⅱ卷:

中国共产主义青年团成立100周年之际,中央广播电视总台推出微纪录片,介绍一组在不同行业奋发有为的人物。他们选择了自己热爱的行业,也选择了事业创新发展的方向,展示出开启未来的力量。

有位科学家强调，实现北斗导航系统服务于各行各业，"需要新方法、新思维、新知识"。她致力于科技攻关，还从事科普教育，培育青少年的科学素养。有位摄影家认为，"真正属于我们的东西，是民族的，血脉的，永不过时"。他选择了从民族传统中汲取养分，通过照片增强年轻人对中国文化的认同。有位建筑家主张，要改变"千城一面"的模式，必须赋予建筑以理想和精神。他一直努力建造"再过几代人仍然感觉美好"的建筑作品。

复兴中学团委将组织以"选择·创造·未来"为主题的征文活动，请结合以上材料写一篇文章，体现你的认识与思考。

要求：选准角度，确定立意，明确文体，自拟标题；不要套作，不得抄袭；不得泄露个人信息；不少于800字。

楷体字的材料虽然很长，但论点关键词"选择·创造·未来"却在中间一段的命题人解读中出现了。大家刚以为找到了审题秘籍，不料2023年的高考突然一变，把命题人解读段给删了，只剩下寥寥两三句的楷体字材料，然后就是个千年不变的要求。如2023年新课标Ⅰ卷：

好的故事，可以帮我们更好地表达和沟通，可以触动心灵、启迪智慧；好的故事，可以改变一个人的命运，可以展现一个民族的形象……故事是有力量的。

以上材料引发了你怎样的联想和思考？请写一篇文章。

要求：选准角度，确定立意，明确文体，自拟标题；不要套作，不得抄袭；不得泄露个人信息；不少于800字。

好在材料虽短，但更加集约，关键词想藏也

藏不住，审题不至于成为老大难。其实，审题中抓住关键词只是第一步，更重要的是一旦关键词不止一个，须厘清它们之间的逻辑关系，进而确定主论点和分论点的结构。我通常会把关键词间的关系分为如下几种类型：

1.并列型：同一维度，不构成非此即彼的矛盾。

（1）各有千秋，选取自己欣赏的来论证；

（2）不可或缺，并列为分论点。

2.递进型。

（1）价值递进，由低维到高维；

（2）次序递进，前后相继。

3.矛盾型：同一维度，构成矛盾的两个方面。

（1）一是一非，取正舍非；

（2）相反相成，缺一不可；

（3）同一事物、现象、观点，在不同视角或条件下呈现相反的结果；

4.因果条件型：一元是另一元达成的前提

条件或原因。

　　确定了它们之间的逻辑关系,再阐发主论点、架构分论点,基本就不会出现跑题的情况了,一篇高考议论文的审题工作也就完成了。

结构严整的新八股范式

作文在结构上是有一些范式要求的，当然我们鼓励创新，但考场作文不是文学创作，并非创新的好地方、好时机，只要彰显出我们严密的逻辑思维即可。

在小初阶段写记叙文，开头、中段和结尾应有明确的分工。

开头能快速引申出文章的中心；中段能遵循一个合理的逻辑线索把故事讲清楚，不要颠三倒四，段落之间也不要畸轻畸重；结尾一定要升华，无论是情感的宣泄，还是提炼出一个道理、经验、教训，抑或提出倡议、表达决心，都可以，总之一定要有升华。如果没有,那这篇文章就成了有体无魂的流水账。

高考的议论文,给大家发挥的余地就更小了。一般情况下,我会按八个部分来布局全篇的结构,所谓"宋老师新八股范式"是也,略做介绍,给大家做个参考。

一、拟题

拟题要遵守两个核心原则。第一,题目里体现主论点关键词;第二,在实现了第一条的前提下,题目要有文采,如二元思辨类的论点,可以写成对偶诗句的格式。

二、承题

承题作为正文第一段,即用自己的话将材料解读一下,概述出材料主旨,为引出自己的主论点做好铺垫。当然也可以开门见山直接上论点。但既然有材料,避而不谈就会显得自己提炼的论点与材料无关，给阅卷人一种你并未读懂材料的印象。况且，按中国人的审美，张嘴见地总归有点儿太过直白，曲径通幽、登堂入室显得更雍容稳健。

三、破题

破题作为第二段，从材料中破解引申出主论点，一定要明确表述，切不可含糊其词或只堆砌喻体。

四、论证

表述主论点之后，用讲道理的方式对其加以论证。最入门级的，可以写两句，第一句写"只有……才能……"第二句则反过来说不这么做就会导致的后果，即"如果不……就会……"

当然，如果有两到三个分论点，我们就要在破题之后分段阐述之、论证之。

五、论据

讲完道理,再摆事实,即为论据。论据形式可以正反对照,也可以按分论点逐段给出。

六、反躬

反躬是指完成主体部分的论证论据后,写一下文章主论点对自己的成长有何借鉴、警醒。很多时候,论点颇为宏大,但往往忽略了它对我们青年学子本身成长的价值。写文章,不能将自己置身事外,空表宏论,搞得严以待人、宽以律己。我们要结合论点反躬自省,让阅卷人看到我们的诚意与笃实,写两句话足矣。

七、收束

收束即在文章即将结束时再强调一下主论点、回扣一下标题和关键词,没有这一步,会让阅卷人感觉你写到最后忘了自己动笔的初衷,散了架子。

八、大结

所谓大结，就是气势宏大的结尾，一定要彰显文采，引用、化用古诗文名言警句，或者用排比、对偶等辞格，最差也得表表决心、用个感叹，把气场语势拔高，这样才会让阅卷人有酣畅淋漓的快感。

下面以宋老师自己写的一篇高考真题作文为例（2022年全国甲卷），看八个部分的具体运用。

传统源远，创新流长（拟题）

"大观园试才题对额"中，众人为亭题名，有"翼然"者，典出欧阳文忠公《醉翁亭记》，贴切景致，神交古人；又有"泻玉""沁芳"者，融情汇境，别出心裁。两相比较，本无高下，皆是匠心独运，立意高妙；推敲之间，反而增添了不少意趣，启发了诸多哲思，信可乐也！（承题）

题名如此，生活亦然。一方面，我们要珍视前贤往圣所积淀传承下来的典籍文献、良法美意，植根民族文化厚积之壤；另一方面，我们也须审时度势，与时俱进，在立足巨人之肩、山巅之城的基础上损益更化、推陈出新，以挑战时代的使命与未知。（破题）

根植传统，却不可泥古不化，否则难免狗尾续貂，只能跟在古人衣襟之后亦步亦趋，非但难以适应时代的步伐，更无法奢谈超越；勠力创新，却不可舍弃根本，否则要么拾洋人之牙慧，邯郸学步地罹患食洋不化的积食病，要么"上穷碧落下黄泉，两处茫茫皆不见"，搜肠刮肚却难见巧思慧因，最终使创新陷入困顿，停滞不前。由此可见，根植传统与勠力创新，貌相反而实相成，形殊途而实同归，缺一则事不成矣——家事国事天下事，莫不如斯。（论证）

遥想祖国苦难的晚清近代，东西列强的铁蹄践踏我国土，蹂躏我同胞，山河破碎、国将不国。值此危难之际，数代仁人志士攘臂奋起，提出了种种不同的救亡主张：曾李左张诸公倡率"中学为体，西学为用"，借此掀起洋务自强运动，但只着意器物之皮毛，对纲常名教与政经制度的根本却不思更化创新，于是甲午庚子，惨败迭来，兵连祸结，不知伊于胡底！然后又有孙黄胡钱诸公，或兴共和革命以套西方制度，或唱文化改良以期全盘西化，总之唯欧美之马首是瞻，甚者至于号召废弃汉字，诚欲断我华夏文脉而后快！然而脱离民族传统、照抄照搬式的"创新"犹如空中楼阁，同样无法救亡，于是军阀混战在前，倭人入寇踵后，巍巍中华，几断送于衮衮诸公之手。由此可见，以国事之巨，既不可故步自封以绝创新，又不可盲目创新以绝传统，只有将传承与创新结合起来，才能相得益彰，以收全功。幸赖天降圣人，佑我黔黎，百年以来，我党奋大勇，启大智，擘画经纬，将马克思主义基本原理同中国具体实际相结合、同中华优秀传统文化相结合，一方面根植民族文化的深厚土壤，另一方面洋为中用、与时俱进地开拓创新，终成民族复兴的浩

然伟业，再造盛世，重铸乾坤。（论据）

家国天下如此，个人同然。吾侪当代青年，值此百年未有之大变局，在中华民族伟大复兴的征程上，理当发愤图强，以尽绵薄。无论在自己思想价值观的塑造上，还是在自身学业事业的精进上，都应该两相兼顾，以传承传统之根深来成就勠力创新之叶茂。（反躬）须知，正因有传统之源远，方可得创新之流长；正因有创新之流长，方可激发传统之裂变、永续传统之弘扬。（收束）

曾子曰："士不可以不弘毅，任重而道远。"传承民族文化以为己任，不亦重乎？生命不息、创新不竭，不亦远乎？（大结）

不可不知的"偷分"秘籍

除了审题、结构这些大框架,宋老师再告诉大家一些写作中"偷分"的秘籍,这些小技巧能让你的文章不知不觉间再提高个 1 到 2 分。

第一,字数务必写到提示线之外。

写到提示线,再多来个 50~100 字,一方面能让文章内容更丰富,说理更透彻,论据更详细;另一方面,也让阅卷人知道我们是肚子里有墨水的,而不是在凑字儿。

第二,字体要清瘦,不能太胖、太粗。

字体笔画间架尽量写得清瘦一些,扫描出来才会看着比较清晰,否则笔画粗、字体胖,就容易粘连密集到一起，模模糊糊影响观瞻效果。为此，建议答题用0.5mm针管头黑色签字笔。

第三，好辞好句往题目、首段、末段上堆。

粉要抹在脸上而不能抹在脚丫子上，否则怎么抓人眼球呢？这个道理就不用展开赘述了。

第四，记叙文在结构上可以用欲扬先抑的方法来制造翻转，吸引阅卷人的兴趣。

第五，时间来不及了，结尾怎么凑？

这种情况下，不要慌，来不及构思的话，可以把记叙文的首段或议论文的破题段（即主论点段）重抄一遍作为结尾。这种急就章其实也算是一种首尾呼应。在高速阅卷的情况下，阅卷人一般不会发现；就算发现了，他也会认为你很聪慧机变，甚至会认为你是匠心独运，因此并不会有所失分。

不批不改不成材

作文功底的塑成，二分在听课，五分在写作，另有三分在批改。如果我们只是听课而不动笔，那就是"嘴上谈兵"了，真到考试时就会发现码字儿都很艰难；如果只是闷着头写了一篇又一篇，但缺乏对文章的精细化批改针砭，那就永远发现不了自己的问题，一直写却一直在低水平上盘桓停滞，做无用功。所以说，写作功力的铸造离不开老师的批改斧正，不批不改不成材。

但这个批改有两项要求，否则仍属无效。

第一，不能让一位自己都不怎么动笔写作文的老师来批改。

如果一位语文老师，自己从来不去撰写中、高考真题作文，也从来不敢把自己写的文章公之于众，那就说明大概率他已经丧失了指导同学们写作的能力。譬如一位数学老师，爬黑板做真题时竟然满头大汗地挂在黑板上下不来了，这种老师，我们还可以相信他能把我们送进心仪的学校吗？所以那些自己不写文章，作文课上只是把学生的优秀作品给大家念一念，或者只是从大框架上给大家讲讲作文审题、结构的语文老师，是根本无法洞悉我们作文真正存在的问题并加以修订改正的。

第二，不能简单地打一个分数就了事，如我们正常拿到试卷上的样子。

如果仅仅给出个分数，或轻描淡写地写一两句评语如"注意修辞""结尾要升华"，实际上根本没有用。因为靠这种所谓的"批改"，我们完全无从知道自己文章的问题在哪儿，提升之道又在哪儿。下次再写的时候，之前犯过的错误还可能再犯，写得不好之处还会重演，这是非常可怕的。

题目写得好不好？开头如何？叙事或分论点结构是否合理？结尾升华如何？素材、论据选取得怎样？立意有没有跑偏？以及错别字、用词不当、标点谬误、句子语病等，都得一一指出。这还不够，有问题之处要改正，比如这个词用得不准确、这句话写得不够有文采，那您得给我们改成准确的、写出有文采的，做个范式样例，才是真正的精细化批改，才能真正发掘出所有弊病。

第三，精细化批改后，一定要根据老师的针砭重新誊写一遍。

这个消化习得的过程不能缺，否则，只是听了看了，印象不够深刻，吸收效果也会大打折扣。

我一直以来，坚持在每年高考作文真题出来后的第一时间限时闭卷撰写，就是为了保持自己的创作能力，并能够感同身受地发现学生构思、写作的苦衷；同时，一直坚持为小初高各个年级的同学精批精讲作文（如本章末图），靶向针砭每个人各自的写作痼疾，如此才能帮助大家斩获中高考作文的高分甚至满分。如果大家有兴趣、有志向，或许你我亦可成师生之谊。

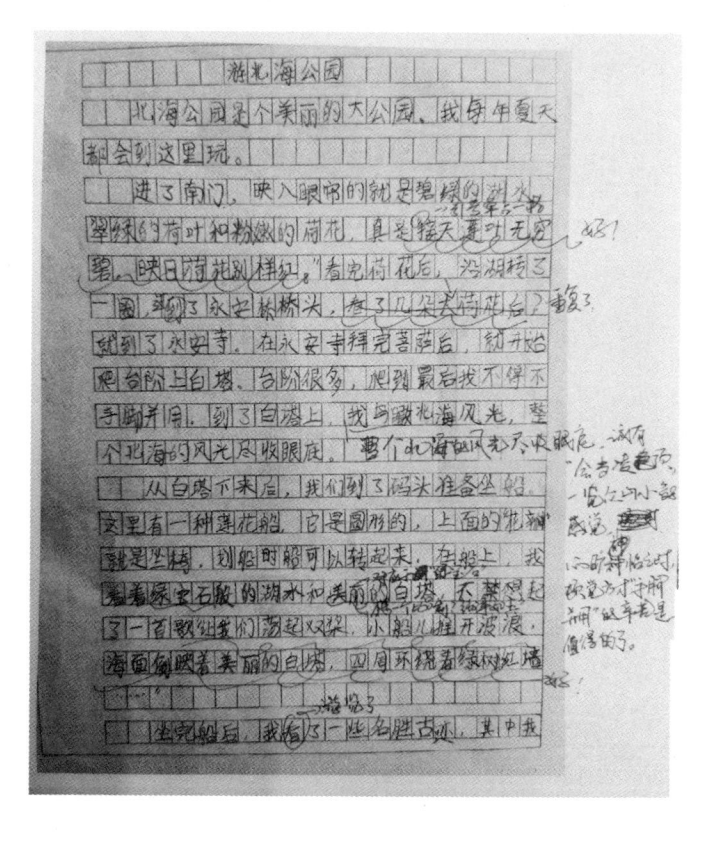

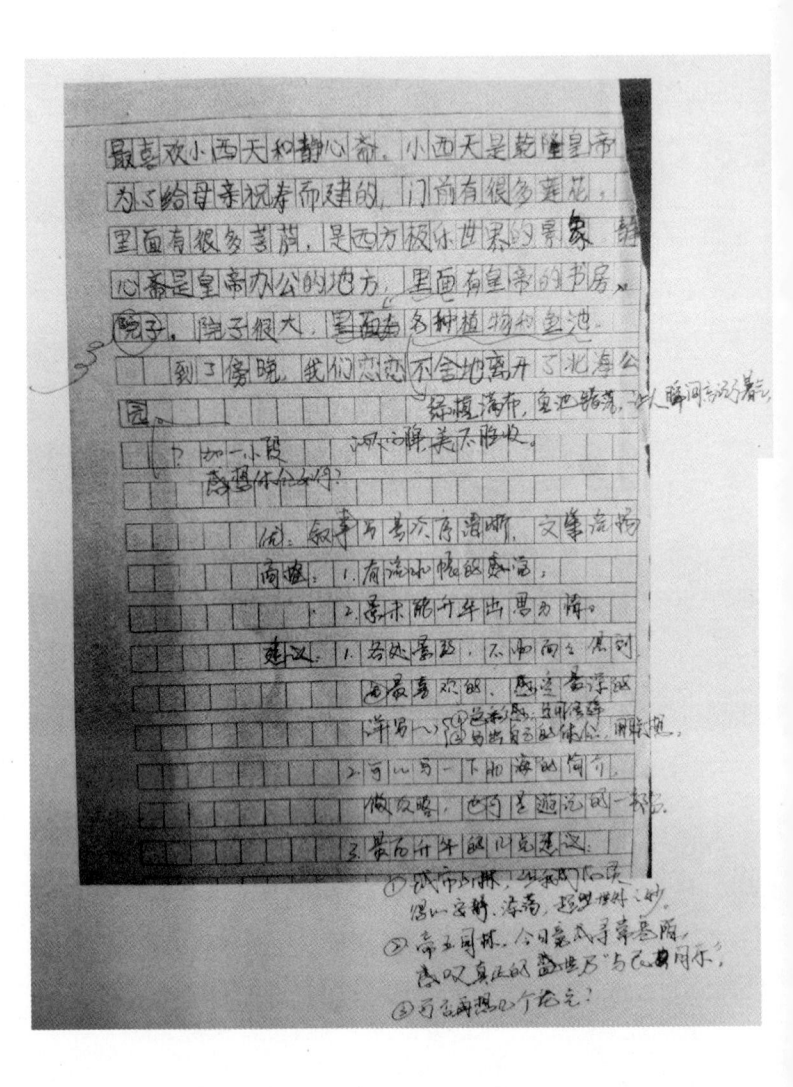

最喜欢小西天和静心斋。小西天是乾隆皇帝为了给母亲祝寿而建的，门前有很多莲花，里面有很多菩萨，是西方极乐世界的景象。静心斋是皇帝办公的地方，里面有皇帝的书房、院子。院子很大，里面有各种植物和鱼池。

到了傍晚，我们恋恋不舍地离开了北海公园。绿树满布，鱼池错落，一瞬间都放着光。

加一小段 河心的晚景如何？
感悟体会今何？

优：叙事有条理清晰，文笔流畅

问题：1.有流水账的嫌疑。
2.景未能行年此思为练。

建议：1.各处景点，不同角度展刻
每层喜欢的，感受奇深的
特别的（匠的局，五明凉等
点出其异的独特处，用特色。
2.可以写一下对海的向往。
做攻略，也可写游远归一部分。
3.最有什么的心得迟义。

① 城市的林，绿茶的石质，
得以定静、清亮，环丽佳材，妙。
② 帝王园林，令日亮风寻尊艺术。
感叹身化的黛华方，与民同乐。
③ 可从哪想几个给元？

第七章

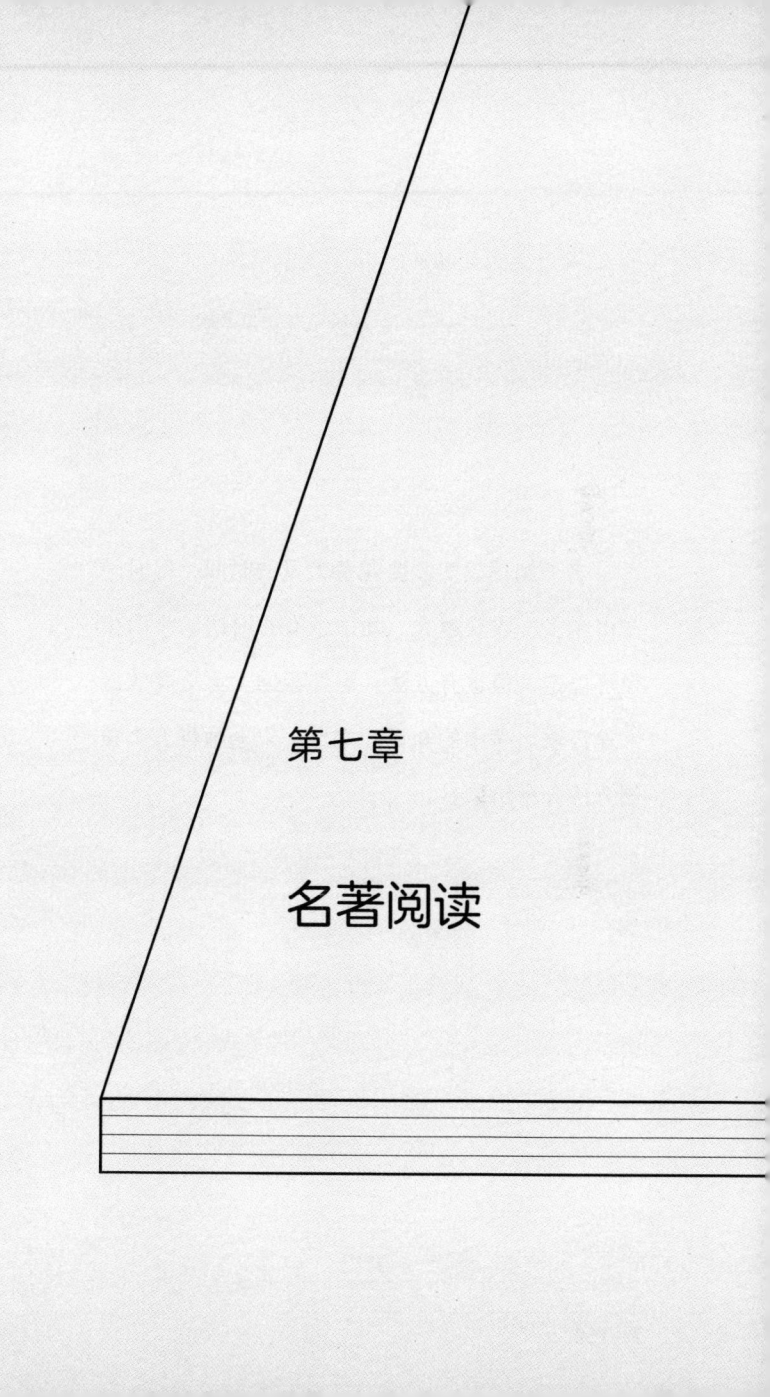

名著阅读

名著阅读确实需要花费大量的时间，但时间花得越多，收获越大。几乎没有省时间的终南捷径可以走，但也有方法，能够帮助大家更高效深入地汲取名著中的知识。本章，宋老师将五个独创方法分享给诸君。

目录·版本·次序

我们在启动名著阅读之前,首先要知道看什么书,弄清楚自己所处学段的必读名著目录。教育部中小学语文的两个课程标准中总共列了78种/部名著,每种/部名著至少十万字起,我们利用十年的时间一部一部地全读完,挺不现实的。其实,这78种/部名著不用全都读,只需要着重阅读自己最感兴趣的以及所在地区中考明确要考查的二三十种/部即可。

另外,课标之外的一些名著,对语文学业成长的价值丝毫不逊色于课标内提到的那些。宋老师曾精心做了一个名著书目如下,大家或可借鉴。

		教育部语文课程标准推荐阅读名著目录	宋老师补充推荐
小学	童话	《格林童话》《安徒生童话》《稻草人》《宝葫芦的秘密》	甘肃人民出版社《孙敬修演讲故事大全》《狐狸列那的故事》
	寓言	中国古今寓言、《伊索寓言》	《动物庄园》
	故事	成语故事、神话故事、民间故事、中外历史故事	《伟人的足迹》
	文化经典	《论语》	《三字经》《千字文》《声律启蒙》
	诗歌散文	中外童谣、儿童诗歌、《繁星·春水》	
	长篇	《西游记》《水浒传》《格列佛游记》	辽宁少年儿童出版社《五千年演义》林庚《西游记漫话》《鲁滨孙漂流记》
	科学科幻	《十万个为什么》《海底两万里》	别莱利曼《趣味物理学》
初中	文化经典	《论语》	中华书局竖排繁体《史记》《三国志》
	诗歌散文	《朝花夕拾》《艾青诗选》《可爱的中国》《革命烈士诗抄》	《新诗鉴赏词典》
	长篇	《三国演义》《骆驼祥子》《红岩》《红星照耀中国》；《简·爱》《童年》《钢铁是怎样炼成的》	《小王子》《三体》；《牛虻》《一九八四》

（续表）

		教育部语文课程标准推荐阅读名著目录	宋老师补充推荐
高中	文化经典	《论语》《孟子》 《老子》《庄子》 《史记》	朱熹《四书章句集注》 钱穆《孔子传》《国学概论》 《国史大纲》 陈鼓应《老子今注今译》 姚鼐《古文辞类纂》 斯塔夫里阿诺斯《全球通史》 李孝聪《中国区域历史地理》 孙机《中国古代物质文化》
	诗歌	毛主席、郭沫若、戴望舒、艾青、臧克家、贺敬之、郭小川； 海涅、普希金、惠特曼、泰戈尔	《王国维文学论著三种》 夏承焘《读词常识》 钱锺书《宋诗选注》 林庚《唐诗综论》
	小说	《红楼梦》 《儒林外史》； 《呐喊》《彷徨》《子夜》《家》《四世同堂》《边城》《暴风骤雨》《平凡的世界》 《堂吉诃德》《悲惨世界》《欧也妮·葛朗台》《大卫·科波菲尔》 《战争与和平》 《约翰·克利斯朵夫》 《老人与海》； 莫泊桑短篇小说、契诃夫短篇小说、欧·亨利短篇小说	《绣像本金瓶梅》 《官场现形记》 鲁迅《中国小说史略》《故事新编》 游国恩《中国文学史》(修订本) 《蔡义江新评红楼梦》 陈忠实《白鹿原》 郁达夫中短篇小说
	散文	鲁迅杂文、朱自清散文、叶圣陶散文	老舍、郁达夫、梁实秋、汪曾祺、马未都的散文
	剧本	《窦娥冤》《西厢记》《牡丹亭》《屈原》《雷雨》《茶馆》； 《哈姆雷特》等莎士比亚悲喜名剧	北京人民艺术剧院话剧； 开心麻花话剧
	语言文学理论	《语文常谈》《谈美书简》《歌德谈话录》	陆宗达《训诂简论》、吕叔湘《中国文法要略》、罗常培《语言与文化》、黄廖本《现代汉语》、北师大版《古代汉语教程》
	杂志		《三联生活周刊》或《新周刊》 《国家人文历史》或《中华遗产》 《中国国家地理》或《华夏地理》

还有版本问题,很多家长来咨询我,某本名著应该买什么版本。我想有几个方面需要注意。

首先是选出版社。咱们尽量选比较权威的大社老社出的书,文学领域如人民文学出版社、中华书局、商务印书馆、三联书店、上海古籍出版社、上海译文出版社、译林出版社等。这些老社出品的名著,在品质方面都有保证,不至于出现大的纰漏。

其次是选择简写版还是原著的问题。我建议大家尽量读原著,原汁原味,没有删减或改写。尤其是四年级以上的同学,就不要再看青少版、简写版了。四年级的水平,基本已经把语文基础学完了,这时候还看简写版,纯属矮化小朋友的智商了。并且,看简写版有一个坏处,即读过简写版的同学会本能地认为内容梗概我都知晓了,何必看原著呢?而这对同学们来说,损失是比较大的。因为简写版更注重故事情节梗概的呈现,至于原著里的那些诗词歌赋、文化景观以及饱含着丰富表现手法的细节描述，很可能都给"阉割"掉了，由此我们也就丧失了欣赏鉴赏文学本真的机会。所以，比起挑出版社，读原著更为重要。

不过也有例外，《西游记》简写版可以给三年级以下的低龄学童入门。低龄学童普遍喜欢《西游记》中的故事，然而古白话的原著对于他们来说又确实存在着阅读难度，因此可以先"食用"一下简写版以应急，等上四年级后再细读原著——那里面情节和语言之有趣可是任何简写版都不能企及的。宋老师小时候读《西游记》原著，发现太有意思了，比简写版、电视剧、动画片要好玩儿得多，以至于停电了也要点着蜡烛看，最后把头发都烧焦了竟浑然不知，真是一段金色童年的美好回忆。除了《西游记》，其他名著我都建议大家直接看原著。

同时，名著阅读是多元化的，我们也可以用一些影视剧、音频节目来辅助阅读。比如四大名著的电视剧就很值得看，它们没有遭遇"魔改"，人物对白还原度也很高，看了之后会加深我们对名著经典情节的印象。还有名家讲述的名著评书也可以听听，如田连元先生的《水浒传》、袁阔成先生的《三国演义》，都是极为经典的。评书会用风趣的现代白话把书中写得不是特别详细的点展开讲，有时候比文字更具象、更生动，再加上包含情感和价值观的论赞，更容易引导我们对情节进行理解和思考，进而深刻地记住这些情节和人物。

所以，我们在阅读名著时，要打开思路，全方位多角度地去观瞻它们。

最后是次序。必读名著按照什么次序呢？一二三年级这个阶段，语文底子薄，重点看故事，比如童话故事、寓言故事等。到了四年级，就可以开始看大部头的古典名著、长篇小说了。古典名著的语体是古白话，是现代白话与文言文之间的过渡，低年级学生阅读是有障碍的，四年级刚刚好。

那么，到了四年级，具体的阅读顺序是什么

呢？先看《西游记》原著，到五年级时看《水浒传》，六年级的小朋友需要积累一些历史、地理知识了，看《三国演义》刚刚好。

《红楼梦》看不看呢？高考经常涉及的。但我认为因人而异，不看也没关系。我本人中小学时就看不下去《红楼梦》，高考前两次试图通读，皆是看到十几回就"中道崩殂"了。为什么呢？我认为《红楼梦》有一个小小的缺点，就是整个小说的主线矛盾、人物不突出。一般的小说、戏剧都会设定很强的矛盾冲突来吊大家胃口并推动情节发展，比如"三国"要统一天下，"水浒"要聚义抗上，"西游"要降妖取经。但《红楼梦》没有，当年我读到快20回了，也没有找到一个矛盾主线，满纸都是贾史王薛府中的日常生活和小情小爱。正因为如此，所以很多同学（尤其是"直男"）看不下去很正常，我当年也位列其中。因此，是否读《红楼梦》，一定要根据每个人的具体情况来定，有兴趣就读，没兴趣就大可不看。课标里78种/部名著，别说少这一部，就算少看20部也不会影响中、高考语文得高分的。所以，家长和老师们千万不要因为《红楼梦》是奇书大作，就逼着孩子硬看。

与此类似的还有《三体》，其在文学和思想上的价值，我认为迟早是要与"四大奇书"比肩的。但不代表每个学生都能读进去或必须读。《三体》里面讲到了很多科学原理、技术，也讲到了很多历史，对于物理和历史都比较强的人，或可甘之如饴；而对于纯文学思维的人，则很可能味同嚼蜡甚至苦不堪言。正所谓甲之蜜糖，乙之砒霜。因此，即使我很推崇它，也仍不建议家长和老师强迫所有的孩子都看《三体》。

回到次序的问题，到了初中阶段，只要绷紧中考这根弦，同学们是可以天马行空地阅读名著的，没有必须的顺序要求，但必考的一定要看。比如中考考《钢铁是怎样炼成的》《格列佛游记》《红星照耀中国》等，那就得读，不存在能否看进去的问题了。

名著精读的三个层次

本节，我们来讲讲精读名著的三个层次。

在开讲前，需要先厘清一个问题：小初高阶段的学生不需要像学者那样精读名著。为什么呢？学生的时间本就不够，拿到一本 80 万到 100 万字的鸿篇巨制，能通读完，压力就不小了；还要让他从头开始精读，考察内容结构、逻辑线索，然后看故事的起因经过结果，再研究书中的人物关系，每个人的性格特点，作品的积极意义、消极意义以及整部小说的语言风格是怎样的，各种修辞、表现手法、表达方式，都要一个一个地摘出来……如果名著都按这种方式来阅读，光一本名著就得读上好多年，像《红楼梦》这种，恐怕两辈子也未必参得透，何况课标要求我们读几十部，面临重重升学考试压力的中小学生根本没有这个时间和精力。

所以让学生像学者那样细致深入地研读名著是个伪命题。中小学生的名著阅读主要仍以略读为主，也就是快速通读，观其大略。快速通读、观其大略其实也可以做到"粗中有细"，如果能把如下三个层次都做到了，对中小学生来说，也就算精读了名著。

第一个层次，解决基础问题，也就是我国古代训诂小学里要求的"识字审音"。我们在阅读名著时，需要把里面不熟悉的字词、人名、地名、制度、名物等基础知识搞清楚。至少达到我们在阅读过一遍之后，不要仍存在不认识的字、不明白的词语、不知道在哪里的地名、不知道身份的人名、不知道是个啥的物件。绝不能连基本的字词概念都没弄清楚呢，就囫囵吞枣地将名著束之高阁了。

这就像军队攻城略地一样，占领了一个地

块、一座城池，但这上面却还有好多敌军的堡垒尚未攻克，这能算是真正地占领吗？所以在阅读名著的第一个层次里，一定要把所有的字词、名物等基础问题都解决掉。做到这一点，就算名著里的宏旨奥义还不理解，其文学魅力尚未能鉴赏到位，但至少我们通过阅读把词汇量和百科知识先给夯实了，仍可谓收获颇丰。

第二个层次，弄懂主旨大意。在这个层次里，我们要读懂名著的核心内容，知道它的中心思想和情感，出现了哪些人物，其特点和关系究竟如何，以及文学创作方面的写作思路与结构、表现手法与修辞等。也就是从词的维度深入到意的维度。

第三个层次，发表自己的看法。这个层次是指在我们读完一部名著或者其中一段故事后，要有自己的观点和看法。爱也好，恨也罢，悲也好，喜也罢，看完之后有什么想法呢？比如说看完《水浒传》后，特别恨高俅，觉得他简直就是巨奸大猾，那不妨就给高俅做一番评价，总结出他性格中穷凶极恶之处,言简意赅地罗列出其"十大罪"。再比如,跟高俅冤家路窄的林冲,性格色彩非常鲜明,有的人觉得林冲好,那他的好体现在什么地方呢?也有的人觉得他缺点很多,那他让我们哀其不幸怒其不争之处又体现在哪儿呢?无论你怎么评价他,都需要总结出来,加以阐述。

每个人对名著及其人物都会有一套自己的见解。见解是见仁见智的,而非盲从附和,人云亦云。我们继续拿林冲举例子,很多人认为林冲的缺点是胸无大志,随遇而安,遇到事情也不果决,这最终导致了他人生的悲剧。但我有一个学生却能跳出窠臼,她给我看她的读后感,其中写到林冲的悲剧在于他的短命——少活了几年。假如林冲能像武松一样活到80岁,就能赶上金灭北宋、靖康之耻这个历史时期,那此时的林冲没准儿会把跟朝廷的矛盾搁置一边,以民族大义为重,成为一位与岳飞并驾齐驱的民族英雄,名垂青史。所以她为林冲扼腕叹息:天不假年!如果教头能多几年阳寿,后世对他的评价肯定会更高。当然,在这里她没有考虑到林冲并非历史真实存在的人物,只是小说家的虚构,但其想法却卓然不落俗套,将名著情节与历史事件衔接起来,脑洞大开,把林冲这个人物的人生遗憾给阐发出来了。我觉得她就达到了第三个层次,即不拘泥于原著,读出了自己的思想还能自圆其说,具备了初步的历史思辨的能力与文学评论的能力——这正是精读名著的最高境界。

又如《红楼梦》的诸多同人作品,其实就是在看懂的基础上按自己的思想生发,给它补写后传。反正现在流行的程高本后四十回也不是原作者所撰,如果我们对《红楼梦》人物性格的理解更深刻,对其人物未来的展望更独特,没准儿补写出来的内容比程高本还要精彩许多呢!以鄙人之愚见,同人作比考证版本、寻章摘句做注释的那些"红学"工作更具有创造性价值,正所谓"一切历史都是当代史"。读名著,并不是要复活一个旧世界,而是要从中汲取资源来创造一个新世界——这才是最高的境界。

当然,我并不主张中小学生贸然动笔去写名著后传,只要能写出些自己的感想和批注,就很好了。中高考对语文学科能力的考查中有个"探究"能力,其实就与精读的第三层次密切相关。对一位作家及其作品的评价,不同的文学流派、不同观点的文学评论是大相径庭的。你认同哪一种评价?请自圆其说、有理有据地阐发出来。这就是语文学科的最高能力——探究能力。所以名著读到最高层次,自己独特的思想是最可宝贵的,这也正是今文经学家"六经注我"的境界,恰恰与前两个层次的"我注六经"相反。

以上就是我认为的精读名著的三个层次。第一层,识字审音,解决基础问题;第二层,按照学习课文篇章的方式,把握名著的结构、主旨、内容、人物与语言风格;第三层,阅读完名著后发表自己的看法和评价。由浅入深,循序渐进;始于考据,终于义理。

人人皆可脂砚斋——批注出真知

批注出真知,这是读名著一个非常重要的方法,也是我一直特别强调的:读书一定不能离开笔,务必做到"身笔合一"。

学生看书不用笔,就像侠客比武不带剑。我们在读名著时,切记一定要做批注。批注不必写得非常工整,只要肯动笔,自己能看懂就行。批注的内容也不设限,无论是你的想法评价还是知识补充,哪怕是给不认识的字标上拼音皆可。总之一定要动笔。

下图:宋老师读钱穆《孔子传》所做批注。

孔子傳

難,為臣不易。如知為君之難也,不幾乎一言而興邦乎?」曰:「一言而喪邦,有諸?」孔子對曰:「言不可以若是其幾也。人之言曰:子無樂乎為君,唯其言而莫予違也。如其善而莫之違也,不亦善乎?如不善而莫之違也,不幾乎一言而喪邦乎?」(子路)

眉批(右上):敬謹措辭

眉批:成就君德,安邦定國,有如一言之效用。

夾註一:定公只漫引人言為問,故孔子亦引人言為答。觀定公兩問,知其非有精志可成大業之君。(當時用孔

夾註二:子,非孔子而孔子欲抑之極,去位豈非尚乎?此關鍵正不容忽也。知識分子之不能低聲下氣,以任俗事之者,時勢也。)

夾註三:名亦為季氏,非定公而孔子預聞魯政,乃欲抑私奉公,即不啻欲抑季氏奉定公,則其難亦可知。

左側批註:君子出仕非為功名而為君,為國家、為蒼生。非不得已而去,又、大丈夫大節也。為時勢所行束志,堂堂大丈夫豈可而為他之乎?

比如《三国演义》里，曹操在陈留起兵，那么陈留是今天的哪儿呢？在如今的河南开封，如果不知道，查到了，就在书上注释一下。这便是最基本的批注。

与上一节的三个层次相似，最基本的批注做完之后，就可以进入第二个层次，归纳段落的主旨大意。比如阅读到诸葛亮隆中对这部分，就可以在这段旁边将隆中对所体现的诸葛亮平天下的战略思想概括出来。这种批注帮助我们化繁为简，去粗取精，很能锻炼归纳总结的能力。

最后是第三个层次，自行发挥。我们在阅读名著时，会对一个人物有自己的看法，无论是痛恨抑或欣赏，都可以将自己的心路历程写出来，就像批注《红楼梦》的脂砚斋、畸笏叟一样，所以我说：人人皆可脂砚斋。

这里分享一下我当老师后阅读《红楼梦》的经验，供大家参考。我在求学期间，看了好几遍《红楼梦》都没读下去。后来当了语文老师，我的师父反复对我说，作为语文老师是一定要通读《红楼梦》的，这关乎基本的职业道德。于是，我就硬着头皮再一次翻开了《红楼梦》，当时想，我就认真"深耕"一遍，争取这一遍要比别人读三遍的收获更大，免得后面遭二茬罪。

我是怎么读的呢？按精读名著的三个层次，做批注式阅读。很多名家给《红楼梦》做过批注，但每个人的批注是不一样的，我的批注就很有自己的风格，讲课的时候分享给学生，也会让他们脑洞大开。比如说，2022年高考全国甲卷的作文以"大观园试才题对额"为材料，所以我读到营造大观园这部分时，做了一个什么工作呢？具象化了它的面积。小说里把大观园说得像天上人间一样，那么它究竟好在哪里呢？我先看它的占地面积。作为一个公爵家的园林府邸，如果占地面积都不够大，庄稼把式小开门儿，那怎么能拿出手呢？大观园处在金陵城池腹地，周围均是街巷，所以它应该是个矩形。如果它是个矩形，那长、宽大概是多少呢？书上说其周长是三里半，这个数据需要先把明末清初的长度单位换算成现代的，再结合数学知识，最后得出大观园的面积是287亩，然后对比下紫禁城的1085亩、明周王府的590亩、清恭王府的90亩、苏州拙政园的78亩，大观园其实真不算小了。

这就是我的批注。所以说，每个人都要大胆地把自己的想法写到批注里。如果不写，思想就会像味道一样在风中消散，等过后想检讨回顾的时候，却发现没有了任何痕迹，当时的灵光一现早已是镜花水月，不会成为一束永远燃烧下去的火焰。它甚至不能给你的考试带来帮助，因为复习时都没有文字存留下来当素材资料。前文提到的那个写林冲的学生，正是得益于在阅读时将自己的灵感随时随地写下来，最后才能基于批注创作出一篇与林冲有关的优秀作文。所以阅读名著时一定要写批注。记住这句话：批注出真知。你写得越多，说明你对名著读得越透，长进越大，收获越多。

2. 必指明是老妪人说的，对证。(庚)

3. 是不忘本之言。(甲) 评语这样说，不是为奇。我们今天看，恰恰是忘本之言。"皇帝家的银子"，这话便说错了，便是忘本了。千年前的杜甫就说过："彤庭所分帛，本自寒女出。鞭挞其夫家，聚敛贡城阙。"这才是不忘本之言。

4. "虚热闹"三字着眼。

5. 闲话该结束了，如此转换自好。

6. 后来的景观建筑极少用写实方法来描绘。倘若死认"三里半大"是容不下大观园的。今北京据此面积建造大观园，结果连袖珍型也谈不上，只能作一般园林景观看。

7. 大观园系玉兄与十二钗之大虚幻境，岂可草率？(庚) 评语又把人间与天上联系了起来。

8. 省亲别院已确定就地改建了。当年曹寅即在织造府内（亦其所居）就地改建行宫。

9. 贾蔷领头，后有学戏的十二"官"登场。

10. 此事天有油水，故打量。

11. 点明大可从中牟利来。

宋老师读《红楼梦》所做批注。所用版本系龙门书局2010年版《蔡义江新评红楼梦》

厚书读薄

从义务教育到高中,我们要读、要记的名著越来越多,时间紧任务重,这就需要练就把厚书读薄的技能。

怎样把厚书读薄呢?第一点,就是任何一本名著都不要完全沉溺于情节与细节中。

很多同学阅读名著,经常会被名著里的精彩情节吸引,一提起《西游记》就是孙悟空在狮驼岭和妖怪打得多么欢畅,提到《三国演义》就是谁谁用了什么计谋,提到《水浒传》就是谁谁的武功高强,用到了什么兵器。小初阶段的同学尤其喜欢研究这些——固然重要,但不是最关键的。

年级越高，我们越要摆脱这些情节和细节，越要更多地去发掘名著的故事背景、弄明白整本书的框架和故事梗概，把它的骨骼抓住，这才是最关键的。而那些精彩的情节和细节，你记得再清楚，考试也不会让咱们默写。所以，我们首先要学会在纷繁而精彩的情节与细节中挣脱出来，观其大略而非沉溺于小节。

第二点，在理顺框架之后，一定要"一言以蔽之"地归纳出这部名著能给我们带来哪些思想上的启迪。

这是厚书读薄的关键。如果做不到这一点，即不知道这些人物、这些情节、这些故事到底寄托着作者怎样的思想和情怀，那么读完一本书相当于有体而无魂，这本书对于你来说只是一坨没有灵魂的肉。

比如阅读斯威夫特的《格列佛游记》，主人公在小人国里可以为所欲为，在大人国里则被人玩弄于股掌之中。很多人光记着大人国、小人国里的乐子了，却没有考虑过作者想表达什么。这本书实际上是一本政治寓言，小人国里有大头派和小头派，大头派认为剥鸡蛋的时候要磕大头儿，小头派则认为应该磕小头儿，两派由此分道扬镳、势同水火；又有高跟党和低跟党。这些情节的设计只是为了让我等读者捧腹大笑的吗？不然，它其实是在讽刺近代英国政治中的教权斗争与两党纷争，大头派、小头派分别影射的是天主教会和圣公会，而高跟党、低跟党则分别影射托利党与辉格党。除此之外，《格列佛游记》中还有很多精彩的故事，同学们很容易被吸引，阅读时就会不知不觉地沉溺于这些细节中，而忘记了要深入考察其思想寓意。

随着年级的升高，我们需要读的名著越来越多，记忆力却在逐渐减退。如果学不会把厚书读薄，那么越到后面越会感觉到读书成了生命中不可承受之重，非但痛苦，更兼低效。

读以致用

名著阅读，还要做到读以致用，即凡是我们看过的名著都能在考试中用得上。我们连篇累牍地看名著花了这么多时间，可不能只是为了应对中考名著阅读题的那5到10分。更关键的是要把名著阅读的收获尽可能多地呈现在语文试卷的其他题型上，帮自己斩获高分。这就是读以致用。

那么，我们在读名著的时候，要怎么读，才能更好地"致用"呢？这里给大家几点建议。

第一点，收集词句。

在阅读过程中，看到的好词、好句或者一些精彩的论述，就抄到自己的周记本上，这个周记本就是我们的作文素材库,关键时刻就可以用上。

比如,我们可以把名著中经典的话,在自己的作文里仿写、套写出来。鲁迅《孔乙己》中咸亨酒店里孔乙己跟大家的经典对白桥段:"孔乙己,你当真认识字吗?""读书人的事,能算偷吗?"我们给它换一换主语、事件,套到自己想讲的故事里,就会非常有意思。

第二点,收集名著里的人物故事。

我们在写作文时,尤其是写议论文,需要大量的论据,很多同学苦于自己论据储备之匮乏。其实我们读过的名著里就蕴藏着丰富的论据,名著对重要的历史人物或经典虚构人物的塑造都是很饱满的,他们有血有肉,有优点也有缺点,还有各不相同的精神品格与典型事迹,这些都可以成为我们论据的素材。

很多高中生会向我索要一个"宝典"——所谓论据素材大全,囊括各个方面,最好应有尽有。仿佛拥有这样的宝典就能让他们的行文如潺潺流水一样，文思泉涌。但其实求人不如求己，想达到这种信手拈来的效果，就靠平时名著阅读的积累，能把名著里的人物和故事吃透，看到与之相关的作文题目，你就会自然而然地联想到最适合的素材论据，而不是简单粗暴地拿素材书生背。这种死记硬背下来的素材，领悟不深，终究不能灵活运用，到了考场上，咬不准、拿不定甚至错用，最终一地鸡毛。

很多同学、家长甚至老师都觉得读名著是"看闲书"，是在浪费时间，其实这个书"闲不闲"，取决于看过之后有没有能力让它为我们创造收益、提升成绩。倘能做到读以致用，那么五十块钱一本的名著甚至可以比五千块钱的补习班更有效地帮你涨分。

第八章

学考方略

这一章给大家介绍一些学习方法,这些方法不完全局限在语文学科上,学习其他学科也可以借鉴。

预习新课的方法

从小学一年级开始,老师就会让大家预习新课,那究竟该如何预习新课呢?

很多人在预习新课时会抱着这样一个想法,自己先简单了解一点,做一点铺垫,剩下的等到课上听老师讲。正如一句新俗语"爱得不彻底等于彻底不爱"所言,这种浅尝辄止的想法是不正确的,本质上纯属浪费时间。

我常说:发乎其上,得乎其中;发乎其中,得乎其下。只有发乎其上,尽自己全力把新课内容彻底鲸吞蚕食、吃干榨净,才有可能学透一半;如果只是浅尝辄止地读一读故事情节,看一看课后问题,那你可能连新知识的门都摸不着。

因此,我们在启动预习时不妨在心中做这样一个假设:老师走了,现在我只能自学成才了——抑或老师本是个文盲,根本不会教课,我只能自力更生了。

当我们抱定这种心态时,就只能靠自己,正所谓"置之死地而后生",在预习时就会全力以赴,不会想着留点什么到课堂上再去听老师补充深化,随后穷尽自己所能查找到的资料,将新课中所有知识点一一参透。

摆正好心态之后,我们再说说具体的预习方法。

第一步,把新课文里所有的生僻词语(含人物、地点、制度、名物这些专有名词)全部拿下。不会的直接动手查辞书(含网络版如"百度百科""汉典"等),然后标注到教材或笔记本上。

第二步,把新课文中所有的思考题、练习题都做完,不能有遗漏。语文书里一般没有选择题,基本都是主观题。我们需要把每个问题都认真看一遍，然后动笔写出答案。当然在受制于时间的情况下，可以不写得那么完整，只需要写出关键词和关键条目，但必须动笔写，否则只是打腹稿的话，等到课堂上老师详解的时候，靠什么来对照自己的初始想法与正确答案的差别呢？

第三步，站在老师的角度来预习。去书店买一本教学参考书（或下载电子版），这种教参一般都是教研员撰写给老师们备课用的，我们按此来预习、学习课文，实际上就相当于老师在备课了。做到这一步，基本可以达到中等水准偏下的老师的程度了。

第四步，把自己预习的知识讲给别人听。当我们把新课知识都弄清楚了，就可以把父母、弟弟妹妹或者同学找来当听众，像老师一样，给他们讲一遍我们预习的内容，并请他们提出疑问，然后针对他们的问题来做深化学习和进一步讲授。

比如鲁迅的《从百草园到三味书屋》这一课。

鲁迅是谁？百草园和三味书屋都是什么地方？鲁迅在什么情况下写的这篇文章？文章的主要内容和行文结构是什么？文章的语言风格特色是什么？反映了鲁迅怎样的思想或情感？文中的关键人物寿镜吾先生是谁？鲁迅对他有着怎样的看法和情愫？把这些给你的"教学"对象讲清楚，还怕自己对文章把握得不够吗？

经过一遍讲授，我们还会发现自己对这篇文章的认识仍存有不完整的地方，那么就再翻看一下教学参考书的内容，查漏补缺，把小漏洞都补足；如果教学参考书还不够，就登录中国知网，搜索与这篇文章相关的论文，看从各个不同的学术角度，学者们是怎样解读这篇文章的。

果真能扎实地做到宋老师给出的这四步，你的水平就相当于一个初出茅庐的新老师了，别说预习，即便是让我们登台讲课，又有何惧哉？

课堂听讲的方法

课堂听讲方法，不同学科颇有区别。我们这里只讲语文学科的课堂听讲。

首先是必须做笔记。

听课不是听评书、看演出，过过眼瘾，图一乐就完事儿。雁过拔毛，老师讲授的内容，不仅要听明白，更要留有"物理"痕迹地保存下来以便之后复习。所以宋老师一直向大家强调做笔记的重要性。具体如何做笔记，后面会具体讲。

其次是双轨制听课法。

孟子曰："尽信书不如无书。"对于老师，我们也不必盲从。公立学校老师的授课难度系数与进度,一般来说,卡在全班中等偏下的水准,这样才能保证班级里大多数学生能听得懂、跟得上。这也是学校对老师的要求,如果讲得太快太深,班里只有排名靠前的那一小撮人能听懂,成绩排名靠后的同学肯定跟不上,强者愈强而弱者愈弱,两极分化就会愈演愈烈。

在这种情况下,听讲前我们一定要清醒地认识自己成绩在班级里的层次,如果是中等甚至偏下,那你就好好听课,紧跟老师的进度,把老师讲的内容认真记到笔记本上;如果水平中等偏上甚至比较拔尖,那就不能满足于跟着老师(老师为了强调一个知识点的细节通常会重复性地说一些车轱辘话),而需要启动双轨制听课法。

什么叫双轨制听课法呢?就是一边学习和完成老师讲的内容、布置的任务,一边利用老师重复讲授知识、自己提前做完题目、同学回答问题吞吐卡顿等情形下所产生的冗余、碎片化时间去另起炉灶地安排自己学习比课堂内容更深更广的知识。

具体说来，在课桌上，左面放着课堂需要的教材、笔记本、练习册、试卷；右面放着自己超越课堂提升所需的书籍。当你发现老师反复强调的知识是你已经完全掌握的，当你提前完成了老师布置的课程练习，当你发现同学起立回答问题或讨论时废话连篇、语塞冷场，咱们就没有必要继续傻等、做无用功了，赶紧利用这些多出来的时间段按自己的计划做更有意义的提升。

比如，你最近在看《钢铁是怎样炼成的》这本名著，那就可以在课堂冗余的时间拿出来接着看两页。老师如果问为什么在课上看名著，我们大可大大方方地跟老师讲这部分知识点自己已经完全掌握了，想利用课堂的碎片时间提高自己的学习效率。只要我们是真正地掌握了老师讲的知识点、布置的题目，老师一定会理解甚至支持、赞许你，认为你是个有思想、有计划、有上进心的好学生。更何况，我们在通过双轨制听课法所开辟的"第二战场"上学的知识要比老师讲得更深更广,对于提高成绩是大有裨益的,也会拉高班级的平均分,老师怎么会批评咱们呢?当然,不能在课堂上搞其他科目,这是老师们的大忌,会激怒他,切记。

双轨制听课法对于班级里中等及以上的学生非常重要,尤其是初高中阶段。如果一个初高中生不会用双轨制听课法的话,势必会浪费大量的课堂时间。很多人可能会在发呆或狂想中虚度一节又一节课,而他的学科成绩也会永远停滞于中等水平,很难达到更高的层次。

关于课堂听讲,宋老师给大家的建议只有这两条。课堂的时间长度是固定的,所讲到的知识也只有那些,但我们如果可以扎实细致地记录笔记,就会形成长期深刻的记忆;如果能合理运用双轨制,就能把有限时间的效益榨取到最大化。

教材五读法

这一节我们讲教材的五种读法。

我很早之前就提出过这个建议——一定不要忽视教材,教材非常重要。毕竟它是教育部集中了诸多专家学者和一线名师经过反复推敲才修撰出来的,堪称智慧的结晶;更关键的是,在命制中、高考题的时候,"教考一致"是个始终不渝要坚守的原则,命题时所涉及的知识和能力,要尽可能地来自教材。因此,你把教材吃透了,就等于把教育部专家、命题组专家、课标制订专家乃至一线名师的思想摸透了。

我们常说,做现代文阅读要有两种思维,第

一是作者思维,第二是命题人思维。虽然我们绝大多数同学很难接触到作者和命题人,但其实教材就是他们思维的最好体现。他们的主要观点和想法,希望同学们所能掌握什么知识和能力,无不体现在教材中。

因此,千万不要忽略教材,有的同学把课外辅导机构老师编的讲义或者练习题集子看得比教材还重,这就是本末倒置。讲义只代表一个老师的个人智慧,岂能像教材一样,经过一代又一代的专家学者和一线名师修改、审核,从实验到定本再到命制中高考真题的源泉,二者是不可同日而语的。

了解了教材的重要性,宋老师给大家介绍下读教材的一种方法:五读法。

一、课前预读

一定要在课前至少读一遍课文。千万不要等老师都开始讲课了,你还对这篇课文一无所知。

只有提前把课文精读过，带着自己解决不掉的问题去听，才会更专注、更有启发性。正如孔子所言"不愤不启，不悱不发"。因为我们会一直殷切地期待老师讲到自己预读而不懂的地方，开释我们的疑惑；否则，在听课的时候就会抓不到重点，理解也不够深刻，因为缺乏了前置性思考的过程。

二、课后再读

课后再读，是指听完课堂老师的讲解后一定要再读一读课文。温故而知新，这一遍的阅读会和第一遍预读的境界大不相同。

比如说鲁迅先生的文章，课前读第一遍时，很多中低年级的同学根本不知道他在说什么，等老师在课上讲完了，所有的字词都理顺了，结构也疏通了，主旨思想也洞悉了，甚至包括文字里隐晦的讽喻都讲明白了，再去读一遍就会有新的体会、更深刻的思考，赞叹其文字的张力。

三、复习三读

无论是平常的期中、期末,还是中考、高考,在复习时的第一步就是要把教材再看一遍。复习时看教材,有助于我们对文章的深度理解。因为在课文的后面有很多思考题,复习时看了这些,对我们理解文章、做现代文阅读题是有很大启发意义的。另外,虽然考试不会考课文原文,但并不代表考试不会考查课文里面出现过的字词和文学文化常识。正如我们在做数学学科复习的时候,也需要在一轮复习之初先把教材上所有的公式、定理、例题乃至课后练习题都刷一遍。为什么呢?因为这些是最基本的,当然中、高考肯定不会考书上的例题和练习题,但若这些题你都不会,又如何去应对那些更陌生、更难的题呢?语文也是一样,基础的字词、文章、文学常识、单元习作都搞不定,又如何去阅读更难的文章呢?又如何去驾驭陌生题目的写作呢?

所以复习时,一定不要彻底把教材扔了。在一轮复习时,切记要从教材开始做起,这个花不了太多时间，但在捋顺一遍的过程中，就会将之前学过且略有遗忘的基础知识点像过电影一样，重新映射、铭刻到脑海中。

四、海底捞式全读

什么是海底捞式全读？就是一网打尽。读教材，就不能只看课文正文，书里边所有的东西都要读——单元介绍，预习小字，正文下的注释，插图及其解读文字，课后的思考探究、积累拓展，以及附在单元课文后面的写作、名著导读、综合性学习、课外阅读都要一一精读，甚至教材的目录也不要落下。换言之，教材上所有的文字都是有价值的。

为什么如是说？要知道，教育部对教材字数的限制是很严格的，能保留在上面的文字，都是经过反复斟酌筛选后留下的精华，都会成为中、高考命题的重要来源和参考，所以任何一处都不要忽略。

何况，语文学科首先立足于汉语言文学知

识，多知道一点、储备一点，在做阅读时、在写作文章时就会更从容，就会有更多的外围信息做支撑。否则大脑空空如也，只能靠从材料中提取的那点儿信息，思维就很受局限了，答案的完善度和准确性也会大打折扣。

另外，对于高中生而言，在必修和选择性必修之外，还有选修教材，最好能够挤出时间加以精读。

2022年版高中语文核心素养提升教材和2006年版高中语文选修教材

五、新旧对读

我们现在使用的都是教育部统编教材，在这之前有很多版本的语文教材。如果可以的话，尽量找来看一看。为什么要这么做呢？首先，当你发现某些文章历经了多个版本的教材仍一直存在，那就说明它极为重要，是我们学习的重点；其次，一些删掉的文字，会在后面的考试中以阅读文的形式出现，如果你之前读旧教材时精读过，那岂不是赚大发了！最后，通过一些篇目的上或下，我们也可以知道语文教学改革的方向与命题考查的趋势。

比如《滕王阁序》这篇文章，宋老师作为80后，小时候教材里是没有的；2005年之后，教材中增加了这篇文章，还是必背篇目；统编版教材出台后，又把它给删掉了。这就反映出我们语文教学改革和能力考查方向的变化。21世纪初，语文教学开始更加注重文学的审美价值，所以就把《滕王阁序》这种纯然美文放上了；2010

年以来，语文教学回归"文以载道"，更加重视汉语言文学的功能性和思想性，所以又把《滕王阁序》这种华而不实的骈文删掉了。

通过新旧对读，我们知道了语文教学改革和能力考查方向的变化趋势。体现在高考上，便是增加政论、学术、科普等信息类文体的分值，相对减少小说、散文等文学类文本的分值，这与课文的浮沉是一脉相承的。设立语文学科的目的不是要培养作家、文学家，而是要培养无论从事哪个行业都能够熟练使用主体民族语言文字来摄取信息、表述思想的爱国守法公民。所以它一定会考政论，来锻铸民族复兴大业接班人修齐治平的担当；所以它一定会考自然科学和人文社科的学术文章，来培养青少年学子实用性的阅读能力；所以它一定要考议论文而非小说、散文、诗歌、戏剧的写作，来夯实即将奔赴各行各业的青年才俊的理性思维与说理能力——即使99%的学生以后不进汉语言文学专业，也能在思想上、摄取上、表述上把语言文字运用得炉火纯青,为他以后的学业和工作构筑基础。

语文不等于汉语言文学,语文的使命更宏大,视野更宽广。

宋老师收藏的1990年版高中语文教材和1997年版五四制初中语文试用教材

身笔合一，"记"胜千里

人有五种感官，视觉、听觉、味觉、嗅觉、触觉。我们的感官齐全时，才能更好地感知这个世界。学习语文也一样，不能光靠眼睛看、耳朵听，还要用手书写记录，要做到身笔合一，多誊抄、多写作，否则就会陷入一听就懂、一学就会，但一写就忘、一考就错的窘境中。

那么我们身笔合一，具体需要怎么做呢？宋老师给大家梳理了四个必须要做的工作。

一、随堂笔记

语文这个学科，可以不准备笔记本，但一定

要有笔记。如果觉得笔记本多余的话，建议大家把语文笔记直接记到教材的留白处。既然老师按课文线索讲课，那就把笔记随堂记到对应的正文、板块旁边，这样就可以随时查看，教材内容与笔记对照，更方便直观。但，别把记满笔记的教材搞丢了，那损失就惨重了。

二、周记

准备一个周记本（厚一点，省得总得换），专门记录课外阅读时看到的所有可能有用的知识点。从字、词、诗，到常用句段、名言警句，甚至可以作为论据的数据、典故，都可以记录下来。虽然这些东西考试时不会直接考，但写作文时可能会用得上。如果我们的文章中出现很多课外的掌故或者有价值的数据，一方面会让阅卷老师觉得你是一个见识广博的人，另一方面会让阅卷老师在枯燥的阅卷工作中看到一丝光、获得一点情趣价值，从而提升我们的作文分数。

以下三条为宋老师在读书过程中做的札记，聊做参考。

19.以诗证史：全唐诗中无西瓜，宋诗词中频现——范成大《西瓜园》："碧蔓凌霜卧软沙，年来处处食西瓜。形模濩落淡如水，未可蒲萄首蓿夸。"文天祥《咏西瓜》："拔出金佩刀，斫破苍玉瓶。千点红樱桃，一团黄水晶。"苏轼对联："坐北朝南吃西瓜，皮往东甩；自上而下读左传，书向右翻。"《新五代史·四夷附录》：五代同州郃阳县令胡峤入契丹"始食西瓜。云契丹破回纥得此种，以牛粪覆棚而种，大如中国冬瓜而味甘"。然《本草纲目》曰："西瓜释名寒瓜。弘景注瓜蒂言永嘉有寒瓜甚大，可藏至春者，即此也。盖五代之先瓜种已入浙东，但无西瓜之名，未遍中国尔。"《南史·滕昙恭传》曰："（南梁豫章南昌人昙恭）年五岁，母杨氏患热，思食寒瓜，土俗所不产。"唐段成式《酉阳杂俎》卷十九载沈约《行园》诗云："寒瓜方卧垄,秋菰正满陂。紫茄纷烂熳,绿芋郁参差。"又江苏省扬州市邗江区汉墓随葬漆笥中出有西瓜籽,墓主卒于汉宣帝本始三年(公元前71年)。可见西瓜早于西汉传入中国,但行南而未北,或乃由海上丝绸之路传入,至五代后方由西北进入中原。

20.梨花体(赵丽华)《一个人来到田纳西》:"毫无疑问,我做的馅饼,是全天下,最好吃的。"羊羔体(车延高)《徐帆》:"徐帆的漂亮是纯女人的漂亮,我一直想见她,至今未了心愿……"乌青体(废话诗)《对白云的赞美》:"天上的白云真白啊,真的,很白很白非常白……。"无哲理,无意象,无典故,无意境。较之顾城、北岛(卑鄙是卑鄙者的通行证,高尚是高尚者的墓志铭)、海子更加下滑。

何以至此? ①文学形式的嬗递;②标准的丧失;③文化素养的沉沦。

文学本不会死亡,但文学形式却不断新陈代

谢。如今，电影（由技术进乎艺术）逐渐取代小说（短于影像）与诗歌（短于情节），一定程度上扼杀了传统文学。电影中文学性愈来愈下降，对剧本的依赖日减。

21. 杜甫《绝句》："两个黄鹂鸣翠柳（听觉），一行白鹭上青天（视觉）（四色动静）。窗含西岭千秋雪（空间之寥廓与限制），门泊东吴万里船（时间的想象）。"廿八字糅视听时空于一体。

三、作文本

将平时写的作文（以及老师给出的批注）加以剪裁，合订整理到一起。这样在考试之前就可以翻阅一下，就像数学的错题本一样。一方面看过往在审题、拟题、立意、修辞、结构等方面犯的错误，避免再犯；另一方面重温一下可用的素材和老师的批注，像宋老师给学生作文的精批有时比作文原文还长，都是精华，万一考试时能用上了呢？

四、试卷夹

语文学科不太方便整理错题本,因为题目都有阅读文本,太长了,没有那么多时间誊抄到本子上。但我们可以做一个试卷夹,把每个学期的试卷都合订到一起。复习时打开试卷,把过往的错题一一捋过,避免在考试中"两次踏进同一条河流"。

以上四项基本的文案整理工作在语文学习中缺一不可,请大家勠力完成、长期坚持。做好这四项,不仅在语文复习时有本可依,借此养成的良好的整理习惯更会对我们之后的工作、事业产生很大的帮助。

教辅书籍的选用策略

古人云："我精骑三千，足敌君赢卒数万。"兵贵精而不贵多，书籍同然。根据语文学科的学习和考查内容，有三种教辅书我推荐大家选购必备。

第一，准备一本跟教材单元、篇目对应的教学参考书。教参本是给老师备课用的，所以它对课文的解读、背景知识的补充、思想情感的阐发以及相关重点字词的介绍会比教材清晰、详细得多，并远胜于市面上的课文同步教辅。因此教参是第一利器。当然，小学中低年级的同学可能驾驭不了，这一条更适合四年级以上的中小学生。

第二，准备一本"真题大全"。这个主要针

对初高中同学。做再多的练习题、模考题，都不如直接做历年真题来得实在。所以我们一定把之前十年的真题都搜集来，精做并研究透，这是中高考制胜的不二法门。不必担心真题不够做，放心，无论中考抑或高考，每年都有若干种真题试卷，再乘以十年，足够让我们做到手软筋麻。

第三，准备一本作文选。需要注意的是，我们选用优秀作文选集时，不要看同龄人的文章，同龄人再厉害能比我们厉害多少？还记得"发乎其上，得乎其中"这句话吗？使用"降维打击"的策略，小学生看初中生的优秀作文，初中生看高中生的优秀作文。

那高中呢？我们要多看成年人撰写的有底蕴的文章。

首先如鲁迅先生的杂文，短小精悍，说理透彻，很适合我们迁移到议论文写作上。

其次如近现代名家的小散文，推荐梁实秋、郁达夫、汪曾祺、马未都等先生的作品，其主要功能在于帮助我们提升文采。

再如报纸期刊的社论以及中外名人的演讲词。演讲词对高中生写议论文的借鉴意义是很大的。它通常篇幅不会太长，主题比较单一直白，分论点逻辑清晰，论证和论据通俗易懂，跟我们的高中议论文作文很接近；再加上著名演讲词都是中外名人所写，其思想性和文学艺术性通常要远胜于大部分高中生；更何况近年来的高考作文命题时不常地走情景式作文的路子，书信体、演讲词作为议论文呈现形式是我们必须掌握的。所以高中阶段看演讲词来提升作文能力是非常适合的。

最后还有刘慈欣的短篇集，我建议初高中同学有时间读一下，略读即可。主要是借此来扩张我们的脑洞——想象力。这样一旦遇到穿越类或科幻类的命题，就不会乱了阵脚、全无思路。

跨学科语文学习策略

语文学科有一个非常重要的使命，就是通过跨学科学习来帮助其他学科夯实基础。课程标准中明言，语文学科是九大文化科目中的奠基性学科，即言学好语文对其他科目的帮助是非常大的。

首先，我们要借助现代文阅读能力去读懂数学、物理、化学、生物的题目，把题目审明白了，才可能调动相应的学科知识答对题。其次，我们要借助文言文和现代文阅读能力去提取政治、历史、地理试卷中长段材料的关键信息，然后再借助写作能力来对史地政的大题进行文字表述作答。最后，除文理科外，外语学习也深度依赖语文，毕竟，几乎每个中国人学习外语都是从汉英（或日俄）对译开始的，词语、阅读、写作莫不如此。因此翻译家们常说：一个人的母语水平决定了其外语水平的高低。

所以，语文的学习是非常重要的，其意义溢出了语文学科本身。

那么，我们在学习语文的过程中，如何用其他学科反哺语文学业，让它们成为语文成绩提升的助力呢？这就是语文的跨学科学习，重点可资借鉴的有三个学科。

首先是历史学科。常言道：文史不分家。历史作为文科之母，极大程度上滋养了文学的成长，甚至可以说文学在魏晋时期独立前本就依附在史学的母体中。因此，广泛而深入地阅读历史书籍对提升语文能力和成绩的影响巨大。不仅对文言文和古诗词，现代文阅读的社科学术篇目也需要我们储备大量的历史知识做外围支撑，而议论文的论据几乎是离了历史就寸步难行。所以宋老师建议大家从低年级起就养成多读史书的习惯，从内容、思想、速度等多个方面"以史养文"。小学中低年级的同学可以读《上下五千年》及简单的历史漫画、连环画；小学高年级同学推荐看《五千年演义》；而进入中学之后，远则《史记》《三国志》，近则《国史大纲》《明朝那些事》，多多益善。

其次是政治学科。政治学科包含大量的政治、经济、哲学理论，其学科本身蕴藏着强大的思辨力，这对我们形成文科的逻辑思维是有极大帮助的。我们学政治时，需要看《参考消息》《半月谈》之类的报刊，其中的文章，故事性虽不强，但议论色彩很浓厚，论点、论据、论证非常清晰、严谨。这种政论文章看多了，就会映射到我们的写作中，使你的文章结构、论证滴水不漏；更兼当今的高考改革在现代文阅读中加入了政论阅读（第一篇），必须高度重视。

最后是英语学科。我们在学习英语语法的同

时，可以比较它与汉语语法的差别，深化对汉语言文学的理解。比如说，英语学习中会讲时态，其实汉语表达中也有一些时态表达的痕迹，比如"×着"表示进行时，"×了"表示过去时，"××过"表示完成时。语言的特点只有在学习其他语言时才会发现，所以学好外语对语文学业也是有帮助的。

此外，理科的学习对语文也是有帮助的，尤其是数理化生等领域的科普文章，多读一些，也会助益于我们对现代文阅读中科普篇目的作答。

总之，跨学科语文学习的基本策略，就是广泛地阅读一切领域的文章。语文考试从不在纯文学领域画地为牢，其阅读文本来自各个文理学科，而对各个文理学科文本的阅读，也必将反哺于我们的语文成绩。

中、高考复习方法

中、高考复习是一个漫长而繁复的过程,诸多所谓"一招鲜"式的学习方法其实并不适用。在这一节,宋老师给大家推荐四个比较实用而扎实的复习策略。

一、回归教材

一轮复习,首要的是把课本内的基本知识掌握扎实。语文教材里课文(含注释、课前课后拓展探究等)相当于数学教材上的例题,都承载着最基础的知识点。如果教材上的课文都看得云山雾罩、不明就里,贸然去阅读课外文章并作答,一定会更吃力且难得分。

二、找错

我们的复习，其实是个一边做加法、一边做减法的过程。

所谓的做加法，就是不断地了解和习得新知识、新技巧；而减法呢，就是把原来若干年学业中的短板和漏洞都找出来并一一消灭的过程，把曾经做过的错题一道一道弄明白的过程。所以宋老师第二个建议就是做好错题整理并养成复习错题的学习习惯。

错题的整理范围包括学案、试卷、练习中遇到的错题以及得分较低的作文。语文题目往往材料特别长，誊写太浪费时间，可以直接把错题从试卷上剪下来，粘到错题本上，这样就能节省很多时间。另外，错题整理要分类，通常就按试卷上的基本题型来区分，语言文字运用、古诗词、文言文、信息类现代文、文学类现代文、名著、作文，每种题型的错题整理到一起，这样复习错题时也更有针对性。

什么时间来整理和复习错题呢？请遵循"两个48小时"原则，即：务必于考后48小时内完成整理工作，否则再久就凉了，对错题的感受也会弱化，且注意力会很快地分散到其他科目或事务上，甚至不了了之；复习错题通常在考前48小时内效果最好，太早看的话，等考试时印象又弱化了。

三、略做

复习的时候时间很紧张，那么多试卷题目如果做不完怎么办？

我们在阅读篇章时分为精读和略读，那么做题可如法炮制，分为精做与略做。尤其是总复习阶段，科目交相迭至，时间严重匮乏，要充分学会"略做"的方法。

如何略做呢？其实很简单，拿到一篇文章，

无论是诗词、文言还是现代文，快速阅读题目和篇章，只需要在心中斟酌答案要点、关键词，打好腹稿就行，不必手写出来，然后快速翻阅参考答案来印证。如心中所拟答案与参考答案接近，此题就此完结；如差异较大，则须对照原文原题研读参考答案，答案中经典精彩的用词或语句，不妨熟读几遍甚至把它背下来。如此这般，就可以在有限的时间完成对更多题目的涉猎。

当然，略做也不能搞一刀切，对于真题我们还是要精做，动笔作答；对于一般的模拟题，在初高三总复习阶段，精做和略做的比例控制在1:3为宜，即精做一题配上略做三题。

四、真题为王

这一点我在前文中已经多次强调过了，兹不赘述。注意几点：

1. 真题不可略做，须动笔精做。

2. 语文真题以十年内为宜，更早的参考意义稍弱，时间不凑可以略做。

3.中、高考真题不必在乎地区差别。中考真题各地本质上高度雷同，甚至不乏相互借鉴者；高考真题全国卷是同一个命题组，组卷难度稍有差异而已，即使是京津沪三个直辖市的自命题，与全国卷本质上也高度相似，皆可互通。

4.总复习阶段，除了按题型专项做真题练习外，每两周须限时闭卷完成至少一份完整真题的自测（含作文），以保持速度和手感，并做整体测评的依据。

以上四个方法只是中、高考总复习中最基本的。每位同学学情迥异，也要在学习的过程中不断反思，总结出适合自己、适合各个具体科目的独家"秘籍"。

学习环境与时间的选择

关于学习环境，首先，宋老师建议大家选择"公开"场合学习，无论哪一学科。因为私密的环境容易使人放松、懈怠、走神儿，没有任何压迫感和紧张感，效率容易低下。

我当年做高中班主任时发现，同样的作业量，下午六点放学回到家中，有的同学晚上九点半就写完了，有的同学却得写到凌晨两点还未必完事儿。我对那些九点多就完成了作业的同学进行调研，想知道他们为何效率这么高。结果发现，他们中的很多人都说自己是在家中客厅或父母办公室里写作业，而此时父母也正在其身旁工作或看书。在这种公开场合学习，身边时不时有长辈的目光注视，这种无形的压力就会促使他们本能地想要快速完成以便早点儿逃脱，效率自然高。而那些写作业写到下半夜的同学呢，也并非天性驽钝或惰性爆表，往往是因为他们的学习环境是独处的卧室或书房。在这种私密而舒适的环境中，无异于"饱暖思淫欲"，不知不觉中就开启了放松模式，大磨洋工，玩玩这个看看那个，发会儿呆，抠会儿手，效率自然低下。

其实呢，这跟大学生去图书馆自习室学习而回寝室打游戏的道理一样，也跟在办公室中挨着领导坐就没法儿摸鱼同理。因此，如果你的学习效率低下，注意力甚难集中，不妨换个环境，在父母师长俱在的公开场合学习。

关于学习环境，宋老师的第二个建议是大家不妨找一个阳光不是很明媚的地方读书写作。因为阳光明媚会让人热血沸腾，激发人运动的情绪和讨论的欲望，很难静下心来独自深思熟虑。我们看中国传统府邸建筑，客厅往往是"动"的、向阳的、坐北朝南的；而书房则大部分都在阴面的北屋，取其清冷静谧。北屋光照不如南屋，需要燃灯秉烛，但其整体氛围比较清冷，给人一种聚敛而非发散的感觉。这种环境会让我们把视线和注意力由外向内地聚焦在灯火下书本上，对静心学习和思考是有裨益的。如果大家担心光照不够对视力有影响，大可人工补光，买上两个台灯，左右交相辉映，绝对没有死角。

好了，我们再说一下学习时间的选择。一方面，这与每个人心流的时间差异性有关。有的人晚上亢奋，因为晚上时间比较长，入夜之后环境安静、干扰较少，可以沉下心来入定；而有的人习惯清晨早起，此时他神清气爽，记忆力最佳。所以因人而异，我们要根据自己的情况来，不要搞一刀切。什么"一日之计在于晨"，我向来是不认同的，缔造新中国的老一辈革命家很多都是凌晨入睡、下午起床工作，那凭什么要求所有同学都得五六点钟爬起来学习呢!

另一方面,务必利用好碎片时间。很多人学习时非常讲究仪式感,先把书桌收拾整洁,放好水杯、食品、文具,调好灯光,再预先上个茅房、净个手,然后摆好书本的位置,甚至还要换上学习时专用的衣服和妆容,就差沐浴熏香祝祷了。等这一切准备就绪才开始学习,时间已经浪费掉二三十分钟了。这种做法,在生活节奏很慢的古代是可以的,但我们身处中小学阶段,时间紧迫,怎能如此恣意挥霍呢?实际上,我们的生活总会被各种各样的事情干扰,很难有大块的时间让你从容地营造出一个极佳甚至近乎完美的环境再开始功课。所以,正确的做法是要学会抓住一切≥3分钟的碎片时间,在任何场景、任何环境下都能马上启动学习。

比如,公交、地铁通勤时(甚至等候时)可以拿出手机看宋老师的视频课,虽然没法儿动笔记录,但二刷三刷一些重要的课节,磨磨耳朵也很好；失眠时看看书，没准儿还能加速睡眠；上厕所时可以看看错题本……河北衡水中学有一个做法，即在大课间操时，从教室跑到操场、整好队之前的这个时间段（5~8分钟），每个人手里都拿着一个小本背点儿词汇、公式、知识点。这个方法现在已经推广到了很多"衡水系"的学校，虽然乍看有点儿矫情、装相儿，但其实颇有道理。假如每天能比别人多挤出哪怕3分钟，刨掉寒暑假、周末、雨雪天不上操，一年也至少能多出600分钟，那就等于比别人多学了10个小时，转化成分数，哪怕多得个三两分也是值得的。

《荀子·劝学》云："不积跬步，无以至千里；不积小流，无以成江海。"充分发掘生活中的点滴碎片，锱铢必较、披沙拣金、集腋成裘，我们就能比那些挥霍掉这些竹头木屑的人收获更多。

考场要诀

十二年的学业,最终是靠无数大小考试来检验成果的,所以对考场上的技巧,大家都会非常关心。本节,我结合之前命题人和阅卷人的经历来给大家简单说说。

一、做题顺序

绝大部分情况下,语文考试按题目顺序作答即可,但有时题目之间会出现一些彼此照应、相互提示的信息,简单点说就是一道的题干对另一道题的答案有所提示,大家做题时不妨留意一下。

在常规路数的基础上,稍做微调,便可能对

作文成绩有所提升。一般来说，我们写作文最怕的是跑题。为最大限度上避免这种情况发生，在拿到语文试卷时，可以先花个两三分钟阅读一下作文题目，读通读懂之后再回到开头作答。这样在答题的过程中，你的大脑会自动开启双轨制运行，一面答题，一面平行地用潜意识在思考作文的写作方向；同时，试卷中的古诗文、现代文，也可能会让我们联想到一些作文素材。如此，相当于无形中拉长了我们作文审题和构思的时间，降低作文跑题的概率。

二、"取悦"阅卷人

语文阅卷时主观题都是真人来判分，而人的情绪是会间接影响判分高低的。所以，作答语文试卷时，我们要学会"取悦"阅卷人。

首先，卷面要干净，字迹可以不漂亮，但须工整清晰。若能让阅卷人在工作时"赏心悦目"，你的分数就会更高。

其次，观点要正，避免踩雷。我们答题和写作时，不要表达有违社会公序良俗或主流价值观的观点，少提可能引发某些人群不爽的敏感话题。比如男尊女卑这类的，千万不要体现在试卷上，大多数阅卷人都是女老师，这不成了自寻死路吗？万一我们的观点和阅卷人相悖，得高分可就悬了。相反，我们可以写一些阅卷人爱听的，比如歌颂教师（或为教师鸣不平），抑或彰显对家乡省文化的热爱，印象分就会赚到手。

三、时间把控

高考语文试卷满分150，考试时间是150分钟。因此，我们在作答时，便要遵循一个非常简单的原则：1分的题目，作答时间不能超过1分钟。由此类推，20分的文言文阅读，就必须在20分钟内完成；60分的作文，连审题带写作，总共不能超过60分钟。毕竟，咱们还得预留出检查时间和涂卡时间，所以1分题绝不能超过1分钟；

超过了，就必须得从别的题目上找补回来，否则是断然做不完的。

这一点，我们在平时就要注意，必须训练答题速度、恪守时间要求，严禁拖沓。须知，大考时大部分同学在心态上都会比平时紧张，很容易出现审题、作答斟酌再三才敢下笔的情况，因此在时间上更不富余，所以就更需要我们在平常做题时留下充足的时间余地。有的同学交给我批改的作文写得不错，一问才知道是花了两个多小时磨出来的，那有什么用呢？中高考时哪儿寻得两个小时给你闲庭信步、浅酌慢吟？所以，考场的从容，终究还是来自平时的磨炼；所谓考场要诀，终究还是来自考场之外的功夫。

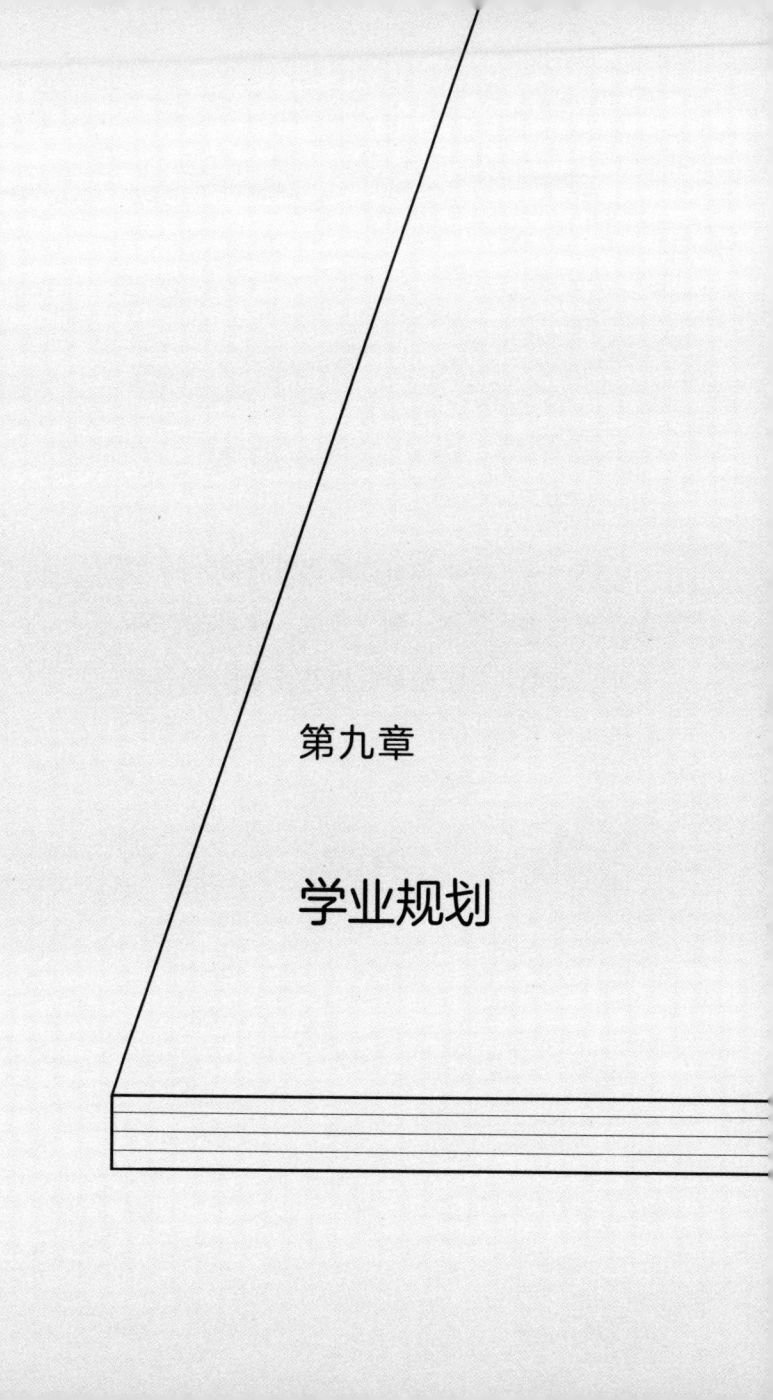

第九章

学业规划

这一章，宋老师给大家按时间轴做一下语文学业规划。小学一到三年级、四到六年级，初中，高中，每个阶段我们都该学什么，学到什么程度呢？

小学低年级段

第一,成语典故要积累到200个以上。

第二,古诗词背诵、默写达到200首。

注意要默写,笔头落实比嘴上功夫更重要。

有人会讲,整个小学语文课标才75首,你让我们背200首,你算老几?其实并不难,幼儿园大班期间,完全可以拿下100首;等到上小学一二三年级期间,就算一周一首,也有150首左右了。加起来就有200多首。所以这200首实现起来是非常容易的,只是需要坚持。况且,背200首绝句律诗和词曲小令中调,对于这个年龄段的孩子来说,以他们的记忆力,根本不构成任何压力。但是如果错过这个年龄段，等高中时再想背，效率就很低了，时间也更难挤出。一个人12岁之前背的东西，一辈子都很难忘记，为什么不在最合适的时间做最合适的事呢？

第三，简单的古白话和文言文入门。

为什么要在小学一到三年级学古白话和文言文入门呢？如果在低年级段不读古白话的话，上高年级时，就看不懂、读不下去四大名著的原著了。《西游记》《水浒传》《三国演义》《红楼梦》《儒林外史》这些明清古典小说都是以古白话写的，小朋友们要提前适应这种语言形式，才能看懂原著，否则永远只能看被"阉割"、被改写的青少版——吃别人嚼过的馍，很香吗？

那文言文为什么要提早学呢？初一再学当然也可以，但如果我们期望自己是出类拔萃的人而非只是给同龄人做分母，就很有必要早点用功，毕竟，一步快，步步快。又有人会说，七八岁的孩子学文言文，是不是太难了？君不见，幼儿园小朋友都在学英语了，祖宗的语言反倒学不得了？何况唐宋明清人的口语与文言文也是不一样的，那时的私塾学童可以学文言文，躬逢盛世的我等，竟然要被区区文言文吓住？

第四，读以文字为主要表现形式的故事并复述之。

低年级段阅读题不必着急做，但是要开始慢慢摆脱绘本，强调文字性的阅读。毕竟通过文字摄取信息是小初高语文考试的特点——考试不考连环画，那你天天看画干吗呀？当然也可以有配图，但一定要逐渐增加文字在读本中的比重。

另外，阅读完了要复述，给父母讲一讲故事的梗概与收获，为我们之后做阅读题打好归纳概括的基础。

第五，写作的基础，从多词造句、诗歌译写、仿写等练起。

这一条详见第六章。

第六，名著阅读从蒙学经典启动。

比如《三字经》《千字文》《声律启蒙》《笠翁对韵》,都是韵文,包含了很多社会的、自然的知识。也不必每本都看,因为其中内容多有交集,选择之一背诵、精读即可,有兴趣的朋友可以听宋老师精讲《三字经》。

小学高年级段

基于一到三年级的基础,四到六年级时成语典故继续积累,古诗词继续背诵默写并加精读。注意,之前是背诵默写,这时候加上了精读的要求,意即我们得知道鉴赏了;数量达到400首以上。

高年级段,可以正式启动中考难度的文言文学习了。如果我们在一到三年级有了百字以内篇幅的文言文阅读基础,这时候直接看中考难度的文言文就不会感觉难,这就是先发制人的效果。那么我在上初一之前,就把中考文言文板块拿下了,在这个战场上碾轧了同龄人。

然后是现代文阅读,可以从小升初难度直接

跨到中考难度，以高维知识和题目带动低维知识和题目，降维打击。

记叙文写作也是一样。我的一个学生，才上四年级就敢于尝试写中考真题记叙文。中考作文有那么难吗？试看下面这道真题：

从下面两个题目中任选一题，按要求写一篇作文。

（1）运动赛场上，求学生涯中，每一项新纪录的诞生，都是对自己的突破与超越。个人的生命历程里，人类的历史进程中，每一次创造新纪录，都翻开了发展和进步的新篇章。创造新纪录，一直是我们人类共同的梦想与追求。以"我创造了新纪录"为题作文。可写实，可想象。文体不限，诗歌除外。

（2）作家史铁生的《那个星期天》，记述了自己小时候一个星期天的经历，表达了真实的情感体验。在你的记忆中是否有一个星期天，发生过特别的事情，遇见过特殊的风景，获得了别样的体验？在你的想象中是否有一个星期天，经历一场奇遇，解开一个谜团，见证一个奇迹？以"那个星期天"为题作文。可写实，可想象。文体不限，诗歌除外。

要求：将作文题目写在答题卡上，作文内容积极向上，字数在600~800之间，不要出现所在学校的校名或师生姓名。

虽然不同年龄段、学段的同学阅历有宽窄、知识有高低，但并不影响写他们从各自的经历与思想出发撰写同一个题目的记叙文。如上第（2）题，四五六年级和初中的同学都有自己亲身经历或恣意想象的星期天，都可以写。像我的那个学生，经过一年的中考作文真题写作与精批，五年级时她的文章基本就稳在中考高分作文的水平。

因此，这并不是揠苗助长，小孩子的潜力是无限的，不要让我们滞后的教育理念成为孩子成长的天花板,矮化孩子的智商、扼杀孩子的潜力、浪费孩子最宝贵的黄金学习时间。

再说名著,有了前面几年古白话的基础,我们到四到六年级就可以直接开始读小初课标要求的名著原著。尽量在四到六年级这个有大段时间的阶段把初中的名著全部拿下,不要等到初中理化生史地政纷至沓来抢时间时再仓皇启动。

按照如上的规划,等到小学六年级毕业时,我们的小朋友在语文这个科目上就可以达到中考中等分的水准了。初中三年即使"随波逐流"式地只利用好课内时间而不再开展课外补习,他的语文成绩也会保持在中上游。

为什么很多孩子小学语文成绩"很好",一到初中却不适应甚至成绩严重下滑呢?就是因为小初语文学科在内容和要求上的差距是极大的,而小学的所谓高分,其实也只是粉饰后的太平、注水后的猪肉,让很多家长和孩子沉浸在"自己很厉害"的虚幻中,结果一上初中就被当头棒喝,短板浮出水面,内心也很窝火,进而焦虑,甚至慢慢地从阳光大气的少年蜕变为唯唯诺诺、沉默寡言……避免这种情况发生的唯一办法,就是要勇于走到同龄人前面,不要虚度小学的光阴,而要先发制人地在小学中高年级段启动对中考语文的学习,这样便可以在新初一伊始就踏上全班甚至全年级的浪潮之巅。学业有其功利的属性,更对孩子的心性心智成长有很大的影响,一个能够在学业上走到同龄人前列的孩子,他一定是阳光乐观的。作为学生心中的楷模,老师心中的香饽饽,年级、班级的各种历练机会、荣誉、职位也都会汇聚于其身。如此美事,为什么要拱手让人呢?

初、高中年级段

初中阶段，首先，要学习系统的汉语语法，包括古代汉语和现代汉语，必须让自己的语文学业上升到理论高度；其次，文言文和现代文可以由中考难度逐渐过渡到高考难度；最后尽量抽时间把高中课标要求读的名著攻克下来，《红楼梦》《老子》《庄子》、"四书"以及鲁迅作品。

以上三项仍是超前学习的思路，抢时间，因为进入到高中后时间太紧张了，为什么呢？高中的数学、物理、化学、生物、地理、思想政治六科，其难度较之初中都会有很大幅度的提升，尤其是数学，对很多同学来说都是当头一棒。中考即使满分上来，新高一也可能数学不及格，这种情况下根本不太可能拿出大把的时间再来细嚼慢咽地学语文。所以大家一定要记住，对于语文学科来说，初三的语文名次，到高三是很难发生根本性改变的。也就是说，初中是语文提升的最后窗口期，再不抓住机会后面就很难再翻盘了。

进入高中之后，语文学业的建议有四：

第一，自知之明＋确定标靶。进入高一就马上尝试做本省（市）当年和前一年的高考真题，限时、闭卷，然后对答案，如果可以，最好能找一位资深语文老师给批改一下。总分数是一回事，更重要的是看看距离最后的要求，自己在语文学科上的长板和短板何在，语言文字、古诗词、文言文、现代文、作文，到底哪个强哪个弱？借此就可以知道下面三年聚焦努力的方向了。

第二，分题型、设问钻研高考真题。

第三，仍然要高屋建瓴、降维打击。有意识地把大学的古代汉语、现代汉语、文学理论、文学史拿来阅读，目的就是让自己对汉语言文学的认识永远走在同龄人之前。

第四，抓好课堂时间。毕竟，在高中阶段，很多同学需要补习的科目很多，能匀出来给语文的时间太少了。所以，我们要保证课堂是紧跟老师的，是高效利用和吸收的，这样至少可以不让语文掉到 100 分以下，保住基本分。

初高中阶段语文学业的其他专项建议和方法，见之前的各个章节，在这儿就不赘述了。

小书写至此处，终是纸短意长，到了话别的时候。但这并不意味着结束，或许只是开始的结束吧。期待着，将来我们还能在课程中相遇，结师生之谊；更期待着，将来我们能在燕园或清华园中有一个美丽的邂逅。

朝乾夕惕，唯精唯一。
忍常人所不能忍，得常人所不能得。

诸君共勉。